U0717436

# "制造强国"下的资本市场

## 资金导向与价值创造

### Capital Markets under the "Manufacturing Powerhouse":
### Funding Orientation and Value Creation

赵烁　陆瑶◎著

经济管理出版社
ECONOMY & MANAGEMENT PUBLISHING HOUSE

**图书在版编目（CIP）数据**

"制造强国"下的资本市场：资金导向与价值创造/赵烁，陆瑶著 . --北京：经济管理出版社，2024.5

ISBN 978-7-5096-9713-9

Ⅰ.①制…　Ⅱ.①赵…②陆…　Ⅲ.①智能制造系统—制造工业—研究—中国　Ⅳ.①F426.4

中国国家版本馆 CIP 数据核字（2024）第 101792 号

责任编辑：梁植睿
责任印制：许　艳
责任校对：王淑卿

出版发行：经济管理出版社
　　　　　（北京市海淀区北蜂窝 8 号中雅大厦 A 座 11 层　100038）
网　　　址：www. E-mp. com. cn
电　　　话：（010）51915602
印　　　刷：唐山玺诚印务有限公司
经　　　销：新华书店
开　　　本：720mm×1000mm/16
印　　　张：12.75
字　　　数：176 千字
版　　　次：2024 年 5 月第 1 版　　2024 年 5 月第 1 次印刷
书　　　号：ISBN 978-7-5096-9713-9
定　　　价：88.00 元

·版权所有　翻印必究·

凡购本社图书，如有印装错误，由本社发行部负责调换。
联系地址：北京市海淀区北蜂窝 8 号中雅大厦 11 层
电话：（010）68022974　　邮编：100038

# 前　言

党的十九大以来，我国愈加重视智能制造在国民经济发展中的地位，相继推出了一系列措施推动智能制造技术的发展。2020年10月，党的十九届五中全会通过的《中共中央关于制定国民经济和社会发展第十四个五年规划和二〇三五年远景目标的建议》指出，"坚定不移建设制造强国"。2021年3月，《中华人民共和国国民经济和社会发展第十四个五年规划和2035年远景目标纲要》对制造强国战略继续作出部署，对制造业的产业基础能力、制造业的产业链和供应链、制造业结构和制造业质量的优化升级都作出了指示。2021年12月，中华人民共和国工业和信息化部等八部门联合印发了《"十四五"智能制造发展规划》，部署了智能制造技术攻关行动、智能制造示范工厂建设行动、行业智能化改造升级行动、智能制造装备创新发展行动、工业软件突破提升行动、智能制造标准领航行动6个专项行动。2022年10月，习近平总书记在党的二十大报告中指出，要"加快建设制造强国"。在"制造强国"建设的背景下，本书基于以往学术界的研究空白，通过实证研究的方式探讨智能制造对资本市场公司融资和绩效的影响，阐述了"制造强国"战略下的资本市场资金导向和价值创造规律，既具有较强的学术意义，又可以丰富相关研究的学术证据。

首先，本书以工业和信息化部公布的《智能制造试点示范项目名单》为研究对象，考察了这一公告的发布对公司融资以及绩效水平的影响。最终发现，智能制造可以通过降低企业劳动力成本并提高企业折旧摊销费用来改善企业的收益质量，从而显著降低企业的债务融资成本，并以此提升企业的绩效水平。其中，智能制造对于融资的影响对国有企业来说影响不够明显，但对于小规模企业和自身创新能力较差的企业影响显著；智能制造对于绩效的影响在民营企业、规模较大企业、所受外部监管程度较高企业，以及所处省份最低工资水平较低的企业中影响显著。

其次，本书通过对上市公司年报进行"智能制造"相关特征词文本分析的方法构建了智能制造技术衡量指标，并考察了智能制造对于公司融资以及绩效水平的影响。最终发现，智能制造能够显著提高企业资产的可抵押性，并显著改善企业的信息环境，来有效地降低其自身的债务融资成本，并以此提升企业的绩效水平。其中，智能制造对于融资的影响在高劳动力密集行业、所受外部监管程度较低企业，以及所处省份金融发展水平较差的企业中更加显著；智能制造对于绩效水平的影响在劳动力密集度高、低技能劳动力占比高以及民营企业中更为明显。

最后，本书还使用国际机器人联合会公开的我国各行业机器人数据与历年《中国工业统计年鉴》公开的各行业劳动力数据，结合各上市公司各行业的收入比重共同构建了机器人使用率，得到了企业使用机器人有利于生产效率和发展能力的提高，但由于短期成本效应的原因，其对盈利能力没有显著影响的结论。异质性分析发现这一影响对非国有、规模大或弱监管企业更为明显。

为了解决内生性问题，本书还使用了同行业世界其他地域更先进的智能制造技术以及地理特征变量分别作为工具变量进行了 2SLS 检验，结论均证明智能制造可以显著降低公司的债务融资成本并提升公司的绩效水平。本书的研究结论在替换解释变量、被解释变量、工具变量以及样本后均保持稳健。

本书的边际贡献主要在于以下几点：第一，结合国家的"制造强国"战略和人工智能技术迅猛发展的趋势对智能制造进行了深入实证研究，符合国家发展态势与学术研究趋势；第二，采用事件研究法、倾向得分匹配-双重差分法并利用工业机器人数据构造机器人使用指数将较为抽象的智能制造技术具体量化，开辟了学术研究的先河；第三，找出了学术研究空白，实证论证了智能制造如何影响公司债务融资成本，在此基础上论证智能制造对公司绩效的影响，也增加了相关研究的实证证据；第四，从现金流和收益质量、资产可抵押性和信息环境多角度论证智能制造对债务成本的影响渠道，在此逻辑基础上又探讨了智能制造对公司绩效的影响，机制设计充分且合理，为今后相关学者的研究提供了参考。

本书的研究结论证明了智能制造可以显著地降低资本市场上市公司的融资成本，并显著提升资本市场上市公司的绩效水平。因此未来，在政府层面，我国各级政府应继续加大对智能制造技术的扶持政策，加大智能制造技术的研发力度，打造智能制造技术的"产—学—研"产业链体系，并通过税收减免、财政补贴等方式对引进智能制造技术的企业给予优惠支持。在企业层面，企业应深刻意识到智能制造技术对于自身长远发展的支持优势，努力通过引入智能制造技术来改善自身的现金流水平或收益质量，并借此提升自身资产的可抵押性、优化整体市场的信息环境，以此打破融资瓶颈，并提升自身的绩效水平。

本书得到中国社会科学院学科建设"登峰战略"资助计划（产业经济学）

（项目批准号：DF2023YS24）、国家社会科学基金一般项目（项目批准号：19BJL065）、中国社会科学院"青启计划"——"'中国制造'背景下智能制造对资本市场融资与绩效的影响"（项目批准号：2024QQJH103）的资助。

本书作者赵烁、陆瑶在此郑重感谢章节合作者马悦、王含颖、彭章、田镇嘉。

# 目　录

第一章　绪论 ……………………………………………………… 1

一、研究背景与研究问题 ………………………………… 3

二、研究方法 ……………………………………………… 5

三、研究意义与研究特色 ………………………………… 9

（一）学术意义 ……………………………………… 9

（二）政策意义 ……………………………………… 11

（三）研究特色 ……………………………………… 11

（四）研究结构 ……………………………………… 12

第二章　"制造强国"下的资金导向

　　　　——基于《智能制造试点示范项目名单》的研究 …… 15

一、引言 …………………………………………………… 17

二、文献综述与研究假设 ………………………………… 21

（一）智能制造对企业的影响 ……………………… 22

（二）企业债务融资成本影响因素相关研究 ·············· 23

（三）技术与企业融资的交互影响 ·············· 24

（四）研究假设 ·············· 24

三、数据 ·············· 25

（一）样本选择与数据来源 ·············· 25

（二）变量设定 ·············· 26

（三）描述性分析 ·············· 28

四、实证模型和结果 ·············· 31

（一）模型设计 ·············· 31

（二）实证结果 ·············· 33

五、渠道分析 ·············· 35

（一）智能制造对劳动力成本和折旧摊销费用的影响 ·············· 35

（二）劳动力成本和折旧摊销费用对收益质量的影响 ·············· 36

（三）收益质量对债务融资成本的影响 ·············· 38

（四）剔除"名单公告效应" ·············· 39

六、异质性分析 ·············· 41

（一）公司实际控制人属性 ·············· 41

（二）公司资产规模 ·············· 41

（三）研究支出 ·············· 42

七、稳健性检验 ·············· 43

（一）滞后效应 ·············· 43

（二）更换债务融资成本测算方法 ·············· 44

（三）企业整体债务融资能力 ·············· 44

八、研究结论 ·············· 45

第三章　"制造强国"下的资金导向

　　——年报文本分析研究 ·················· 47

一、引言 ························································· 49

二、文献综述与研究假设 ····························· 51

　　（一）人工智能的社会影响 ··················· 51

　　（二）企业债务融资成本的影响因素 ········· 52

　　（三）研究假设 ··································· 53

三、数据与模型 ········································· 54

　　（一）样本选择与数据来源 ··················· 54

　　（二）变量设定 ··································· 55

　　（三）描述性分析 ······························· 57

　　（四）模型设计 ··································· 58

四、主要实证回归结果 ······························· 59

五、影响渠道分析 ········································· 60

　　（一）资产可抵押性 ····························· 61

　　（二）信息效应 ··································· 62

　　（三）债务期限 ··································· 64

六、异质性分析 ········································· 64

　　（一）劳动力密集度 ····························· 64

　　（二）外部监管程度 ····························· 65

　　（三）地区金融发展水平 ······················· 66

七、稳健性检验 ········································· 67

　　（一）工具变量——离沿海港口距离 ········· 67

（二）工具变量——文本分析日本上市公司"智能制造"水平 ··· 69

（三）更换"智能制造"测度 ················· 70

（四）剔除股市震荡年份 ················· 71

（五）更换固定效应 ················· 71

八、研究结论、政策启示与研究展望 ··········· 71

（一）研究结论 ················· 71

（二）政策启示 ················· 72

（三）未来研究展望 ················· 73

第四章 "制造强国" 下的价值创造
　　　——基于《智能制造试点示范项目名单》的研究 ············· 75

一、引言 ··········· 77

二、文献综述、研究事件与研究假设 ··········· 80

（一）文献综述 ················· 80

（二）事件背景 ················· 83

（三）研究假设 ················· 84

三、样本、数据及实证方法 ··········· 86

（一）样本选择 ················· 86

（二）数据来源 ················· 88

（三）研究方法：事件研究法 ················· 88

（四）被解释变量：累计超额收益率（CAR） ········· 90

（五）解释变量 ················· 93

（六）回归模型 ················· 95

四、实证检验结果 ··········· 96

（一）累计超额收益率基本结果 ·········· 96

（二）累计超额收益率的影响因素 ·········· 99

（三）稳健性检验 ························· 105

五、延伸性分析 ······························· 111

六、结论、政策意义及未来展望 ·············· 114

**第五章 "制造强国"下的价值创造**

**——年报文本分析研究** ···················· 117

一、引言 ····································· 119

二、文献综述与研究假设 ····················· 120

（一）文献综述 ··························· 120

（二）研究假设 ··························· 121

三、数据与变量 ······························· 122

（一）样本选择与数据来源 ··············· 122

（二）变量定义 ··························· 122

（三）描述性统计 ························· 125

（四）模型构建 ··························· 126

四、实证结果分析 ··························· 127

五、异质性分析 ······························· 128

（一）劳动力密集度 ······················· 129

（二）低技能劳动力占比 ················· 129

（三）企业所有权性质 ··················· 130

六、稳健性检验 ······························· 130

（一）替换解释变量 ····················· 131

（二）替换工具变量 ······················· 132

（三）替换被解释变量 ······················· 132

七、结论与建议 ······························· 133

（一）研究结论 ····························· 133

（二）政策建议 ····························· 133

第六章 "制造强国"下的价值创造
———工业机器人研究 ······················· 135

一、引言 ··································· 137

二、文献综述与研究假设 ························· 140

（一）机器人使用对企业的影响 ················· 140

（二）公司绩效的影响因素 ··················· 142

（三）影响机制与研究假设 ··················· 144

三、数据与变量 ······························· 145

（一）样本选择与数据来源 ··················· 145

（二）变量定义 ··························· 146

（三）变量的描述性统计及分析 ················· 149

（四）模型构建 ··························· 150

四、实证结果分析 ····························· 151

（一）机器人使用率对公司生产效率的影响 ··········· 151

（二）机器人使用率对公司发展能力的影响 ··········· 152

（三）机器人使用率对公司盈利能力的影响 ··········· 154

五、异质性分析 ······························· 155

（一）企业所有制结构 ······················· 155

（二）企业规模 ……………………………………… 157

（三）外部监管 ……………………………………… 158

六、稳健性检验 ………………………………………… 159

（一）工具变量法 …………………………………… 159

（二）基期劳动力数据构造机器人使用率 ………… 160

（三）以行业代码为依据构造机器人使用率 ……… 160

七、研究结论 …………………………………………… 161

第七章　结论与建议 ……………………………………… 163

一、研究结论 …………………………………………… 165

二、政策建议 …………………………………………… 166

参考文献 …………………………………………………… 169

# 第一章

## 绪　论

# 一、研究背景与研究问题

2015 年 5 月，我国开始部署全面推进实施制造强国战略。在此基础上，2017 年 10 月，党的十九大报告明确提出要"加快建设制造强国，加快发展先进制造业"。2021 年 3 月，《中华人民共和国国民经济和社会发展第十四个五年规划和 2035 年远景目标纲要》对制造强国建设继续作出部署，对制造业的产业基础能力、制造业的产业链和供应链、制造业结构和制造业质量的优化升级都作出了指示。2022 年 10 月，党的二十大报告将"推进新型工业化，加快建设制造强国"作为未来我国工业发展的重要目标。由此可见，制造强国已经成为我国新发展格局下的重要时代引领。

"制造强国"的一大重要实践途径就是将智能制造作为新质生产力推进现代化的产业体系建设，而智能制造作为新一轮科技革命和产业变革的重要交汇点，其所代表的新一代信息技术和先进机械制造技术深度融合的生产方式必将成为我国制造业的未来形态（王文泽，2024）。而制造业作为我国资本市场上市公司的重要构成①，我们可以想象的是智能制造必然会对我国资本市场的市场环境和企业行为都产生深刻的影响。

牛子恒和邹宗森（2024）以 2011~2021 年的 A 股上市公司为样本，研究发现智能制造可以通过激励企业创新效率和提高企业的资产收益率来遏制制造业企业的"脱实向虚"。杜传忠和王晓蕾（2024）以 2013~2019 年

---

① 截至 2023 年 9 月，我国沪深 A 股上市公司中的制造业企业达到 3537 家，占上市公司总数的 67%。

我国沪深 A 股制造业上市为样本，实证考察了智能制造对制造业上市公司创新效率的非线性影响，最终发现智能制造会通过降低内部组织成本、减少企业内部融资两个途径来对制造业上市公司产生显著的"U"形影响效应。方福前和马瑞光（2023）以 2008~2022 年沪深 A 股制造业上市公司为样本，研究发现智能制造项目的实施可以通过企业新增固定资产来促进企业人力资本的升级。田高良等（2023）以 2010~2020 年的沪深 A 股上市公司为样本，将工业机器人作为智能制造的替代研究对象，研究证明工业机器人的应用可以显著降低企业的劳动力成本黏性。谷城和张树山（2023）同样以 2010~2020 年的沪深 A 股上市公司为样本，研究证实智能制造可以通过提高企业效率、强化企业内部控制水平以及缓解企业融资约束来实现企业绿色创新的"增量提质"。温素彬等（2022）以 2015~2019 年的沪深 A 股制造业上市公司为样本，以"人工智能技术""互联网技术""大数据技术""价值链制造技术"相关特征词作为"智能制造"文本分析的衡量维度，研究证实智能制造可以通过降低企业销售成本、降低应付账款周转率来提升企业的运营效率。尹洪英和李闯（2022）以 2010~2019 年我国沪深 A 股制造业上市公司为样本，根据工业和信息化部公布的 2015~2018 年的智能制造试点示范项目名单，识别出实施智能制造企业，运用 PSM-DID 的方法证实智能制造可以通过增加企业可用信息的数量和质量、优化企业人力资本结构、增加企业资金来源来显著提升企业的创新能力。

通过对过往文献的总结我们可以发现，以往学者对于智能制造如何对资本市场企业行为产生影响的研究已经较为充分，但目前尚未有文献系统研究智能制造如何影响上市公司的融资行为以及在此基础上会对企业绩效产生何种影响。仅有的涉及智能制造影响上市公司绩效的研究均是从主观上形成的结论，未从实证上进行论证。而本书所要研究的问题就是智能制造会对资本市场上市公司的融资和绩效产生何种影响，并从实证上增加相关证据。2023 年 12 月发布的《2023 中国制造强国发展指数报告》显示，我国的制造强国发展指数在 2022 年已经达到了 124.64，在世界主要国家中居于较高水平。而基于我国的制造强国战略在未来仍然会处于稳中求进的局面，本书在"制造强国"背景下研究智能制造对资本市场公司融资和绩效的影响具有重要的意义。

# 二、研究方法

为了从实证角度全面论证智能制造对公司融资和绩效的影响，本书主要采用四种方法进行实证研究：

第一，事件研究。本书以工业和信息化部在 2015～2018 年所公布的《智能制造试点示范项目名单》为研究对象，运用事件研究法和倾向得分匹配-双重差分模型（PSM-DID）的方法进行研究。

第二，文本分析。本书对我国沪深 A 股上市公司的年报进行了"智能制造"相关词频的文本分析，获取了上市公司年报"智能制造"关键词的数量，以此作为智能制造的衡量指标。在紧扣"智能制造"定义、避免随机性、保证普适性的原则基础上，借鉴政府文件、业界报告、国际机器人联合会（International Federation of Robotics，IFR）定义与案例，以及 Cockburn 等（2018）对于"智能机器"的相关定义，本书选取了如表 1-1 所示的关键词，表 1-1 还详细阐述了各个关键词定义与智能制造技术应用之间的紧密联系。

表1-1 "智能制造"相关关键词及选择依据

| 关键词 | 选择依据 |
|---|---|
| 智能制造 | 直接测度词汇，为政府文件和业界报告中出现最多的相关词汇 |
| 智能机器 | 根据政府文件和业界报告整理所得，与"智能制造"具有相同含义 |
| 智能生产 | 根据政府文件和业界报告整理所得，与"智能制造"具有相同含义 |
| 机器人 | 根据 IFR 定义及案例以及 Cockburn 等（2018）定义所得，"机器人"的运用就意味着企业已经开始使用智能制造技术。"机器人"词频可以同时抓取出"工业机器人""智能机器人""自动（化）机器人""机器人系统"等与"机器人"内涵相同或者相类似的词汇；同时还可以抓取出"多关节机器人""并联机器人""协作机器人""直角（圆角）坐标机器人"等"机器人"具体分类的关键词 |
| 全自动 | 根据 IFR 定义及案例以及 Cockburn 等（2018）定义所得，"全自动"词频可以同时抓取出"全自动（化）""全自动（化）生产""全自动（化）制造"等相关关键词 |
| 全机器 | 根据 IFR 定义及案例以及 Cockburn 等（2018）定义所得，"全机器"词频可以同时抓取出"全机器（化）""全机器（化）生产""全机器（化）制造"等相关关键词 |

此外，借鉴张叶青等（2021）对大数据衡量指标的有效性检验方法，本书针对所采用的文本分析法，对上市公司年报又进行了抽样分析，发现"智能制造"相关关键词的出现次数确实可以反映与"智能制造"相关的业务转型和战略规划。同时本书在样本公司中尽可能地收集了公司投资明细中包含"智能""机器""自动（化）"相关名词的投资项目及相应投资金额，使用相关性分析法证实了本书的"智能制造"衡量指标与相关投资具有强相关性（p<0.01），并且，本书在将相关投资数字取对数回归到"智能制造"衡量指标，并控制一系列控制变量后，结果依然成立。以上均证明了本书所采用文本分析法得到的"智能制造"衡量指标可以准确地反映公司实际的智能机器设备投入，即说明本书的研究方法十分合理。

第三，工业机器人研究。本书还使用了国际机器人联合会（IFR）每年所发布的《世界机器人_工业机器人报告》（World Robotics_Industrial Robots）数据，使用我国各行业的工业机器人数量与历年《中国工业统计年鉴》发布的年度分行业劳动力数据一起构建了行业层面的智能制造指数，并通过每家上市公司各行业销售收入的占比进行了加权，得到了公司层面的智能制造指数，以此作为智能制造的衡量指标进行了研究。构建的过程如下：

首先，将分行业的机器人使用量数据中的行业与分行业的劳动力人数数据中的行业进行统一，以中国证监会于 2012 年修订并公布的《上市公司行业分类指引》为依据，最后根据数据源整理出 8 个一级行业，其中我们又将制造业细分为 13 个子行业。

其次，根据获取到的我国分行业机器人使用量（Robots）数据以及分行业的劳动力（Workers）数据，计算出分行业的机器人使用率，具体计算方法如下：

$$x \text{ 行业在 } y \text{ 年的机器人使用率} \quad R\_E_{x,y} = \frac{Robots_{x,y}}{Workers_{x,y}} \tag{1-1}$$

其中，Robots 的单位为台，Workers 的单位为千人。

再次，使用获取到的我国沪深 A 股上市公司按收入衡量不同业务所占的比重数据，通过关键词检索的方式将其不同业务定义到上述被界定的行业中。

最后，对每一家公司，将不同业务所对应的行业的机器人使用率乘以该业务所占比重，计算出每个公司每年的加权机器人使用率 R_E，并以此作为回归的解释变量，具体计算方法如下：

$$R\_E_{i,y} = \sum_{j=1}^{x} R\_E_{x,y} \times Weight(Sales)_{i,j,y} \tag{1-2}$$

其中，$i$ 为公司 $i$；$j$ 为行业 $x$ 的其中之一；$Weight(Sales)_{i,j,y}$ 为公司 $i$ 在 $y$ 年 $j$ 行业的销售收入占比；$R\_E_{i,y}$ 为公司 $i$ 在 $y$ 年的机器人使用率。

需要指明的是，由于工业机器人对公司的影响主要作用于公司的实际生产过程中，对公司的运营管理影响较为间接，因此本书并没有将工业机器人作为智能制造的测度来实证研究其对公司融资的影响。

第四，工具变量法。本书后文章节使用了工具变量法来保证结论的可靠性。参照 Acemoglu 和 Restrepo（2020）、王永钦和董雯（2020）、郑丽琳和刘东升（2023）选取工具变量的方法，我们也拟按照"选取同行业其他地域更先进的机器人技术"的思路，使用美国行业层面的机器人使用密度作为工具变量。该方法旨在凸显工具变量与原变量的不同之处即为更先进的智能制造技术。首先，我国的智能制造技术主要依靠先进发达国家的渗透，即发达国家的智能制造技术与我国的智能制造发展水平有着密切关系，因此该方法符合工具变量的相关性要求；同时，其他国家的智能制造技术又不会直接影响到我国上市公司的市场行为，因此该方法符合工具变量的排他性要求。

在得到其他地域行业层面更先进智能制造技术的基础上，本书还拟根据我国上市公司不同行业的销售收入占比，将这一行业层面数据通过加权匹配到公司层面上，从而得到了本书所需的公司层面工具变量。

同时，本书还会深入探讨智能制造对债务融资成本以及绩效水平影响的渠道。此外，本书还拟针对不同行业、不同市场竞争度、不同劳动力密集度、不同劳动力结构（技能结构、年龄结构、性别结构）以及不同外部监管水平进行异质性分析，探讨智能制造在不同类型企业中会对融资和绩效产生何种不同的影响。

# 三、研究意义与研究特色

## （一）学术意义

第一，以往对于人工智能的研究，相当多的文献是对广义技术升级的探讨，很少有文献具体研究全自动化的人工智能技术升级。而且，大多数文献是以广义技术升级中的技术创新为研究对象，而本书的研究既包含人工智能技术的技术创新，又包含对人工智能先进技术设备的直接购买等。以往文献所涉及的研究大多数为理论层面的研究，较少文献准确量化人工智能技术，因此本书对于人工智能技术的系统量化方法在一定程度上可以成为今后学者进行人工智能实证研究的重要参考。

以往还有部分关于人工智能的研究是探讨了企业内在管理系统智能化或者数字化所产生的影响，而且所研究的人工智能的内涵均为"数字技术"，例如，聂兴凯等（2022）探讨了企业数字化转型对会计信息可比性的影响；吴武清和田雅婧（2022）研究了企业数字化转型对于费用黏性的影响；郭恒泰和王妍（2022）实证探讨了数字技术对于股价崩盘风险的影响。而即便有文献研究了企业生产过程的智能制造运用，其所探讨的也均是劳动力和就业分配的问题，如 Acemoglu 和 Restrepo（2020）通过实证分析，得到了工业机器人会对就业产生巨大替代作用，并且会降低工人工资、增大社会不平等的结论；李磊等（2021）发现企业的劳动力需求会因为工业机器人的使用而上升，但传统劳动密集型企业以及低技能劳动力的就业会受到抑制；陈东和秦子洋（2022）实证发现工业机器人可以帮助中低收入群体提高其收入水平；陈媛媛等（2022）则发现工业机器人的应用显著减少了地区外来劳动力的迁入率，这些文献均未从公司层面探讨人工智能对于公司行为究竟会产生何种程度的影响。

此外，由于智能制造尚属新兴领域，技术发展处于起步阶段，更多研究着眼于技术本身及其战略意义和对宏观经济层面的影响（Boyer，1999；Aghion et al.，2017），以及对劳动力需求的影响（陈媛媛等，2022；王永钦和董雯，2020），而研究智能制造对于企业债务融资成本的影响也尚未被覆盖；同时，部分学者对于智能制造影响企业绩效的研究也仅仅是从主观上加以论断，缺乏实证方面的经验证据，因此可以认为本书的研究填补了相关领域的研究空白。本书在前人学术文献的基础上，扩展了智能制造技术在微观层面上对于公司金融影响的研究视角。

第二，以往文献有关公司债务融资成本的研究，多从债权人角度（刘笑霞和李明辉，2022）、经理人角度（周楷唐等，2017；黄容等，2022）以及市场环境角度（吴赢等，2021；张国法和李心合，2021；杨冕等，2022）进行分析，尽管以往少数文献也探讨了智能制造与金融行业的结合方式（黄敏，2015；柳培德和李红强，2017）。而以往关于公司绩效的研究已经较为充分，但是少有文献从实证角度去明确地论证智能制造对公司绩效的影响究竟有多大，因此本书在一定程度上开辟了这一领域的研究先河并增加了实证方面的经验证据。

第三，本书通过对过往文献的梳理、理论的探讨以及实证检验，实证论证了智能制造对公司融资的影响，并将融资渠道作为重要的中介指标探讨了智能制造对公司绩效的影响，这在过往文献中未有涉及，也属本书的一大创新。

### （二）政策意义

本书进行的研究还具有重要的政策意义。本书所基于的"制造强国"战略，是服务于中国制造相关战略的一项重要的产业政策，因此本书关于企业智能制造会给企业融资和价值带来何种影响的发现有助于政府更加有的放矢地推动这一计划的进一步进行和开放。此外，本书所得到的结论有助于国家后续更加科学地制定智能制造相关政策，更加有效地发挥国家各项政策和财政支持的作用。

此外，随着机器人产业的日益发展，是否使用机器人实现自动化已经成为许多企业面临的决策。由于将机器人投入到生产中需要大量的前期投资，其中既包括购置、安装费用等资金成本，同时还会对企业造成大量的学习成本和时间成本；此外，使用机器人后也会对企业造成各个方面、各种程度的影响，如引发安全问题、影响员工结构等，因此企业在决策中需要面对大量的权衡取舍。而本书的研究发现能够为企业所有者提供具有实际意义的参考。

### （三）研究特色

本书使用多种方法系统地量化了智能制造技术，并深入实证探讨了智能制造对公司融资和绩效的影响。

第一，本书将工业和信息化部公布的《智能制造试点示范项目名单》作为研究对象，虽然使用此公告来衡量智能制造技术具有一定的局限性，但该项政策是国家"制造强国"战略的重要推进政策，因此研究此政策对公司融资和绩效究竟产生了何种影响具有重要的意义。

第二，本书通过文本分析的方法构造公司层面"智能制造"的衡量指标，在微观层面为每家公司赋予了"智能制造"的内涵，这在过往关于人工智能的研究领域中同样是少有的，因此可以认为本书对于人工智能的测度具有较大的引领意义。

第三，本书创新性地利用行业机器人、行业劳动力和公司不同业务收入比重数据构造了公司层面的机器人使用率这一衡量指标，可以更为准确地估计机器人的使用所带来的影响，识别因果关系。以往文献大多未能准确量化智能制造指标，已量化的如王永钦和董雯（2020）以地域就业人口作为权重构建了公司层面智能化指数，该方法可以用于研究区域层面的就业行为，但不适合研究资本市场的公司行为，因此本书以公司不同行业收入比重作为权重构建公司层面智能化指数，具有一定的创新性。

### （四）研究结构

1. 逻辑结构

本书的逻辑结构如图 1-1 所示。

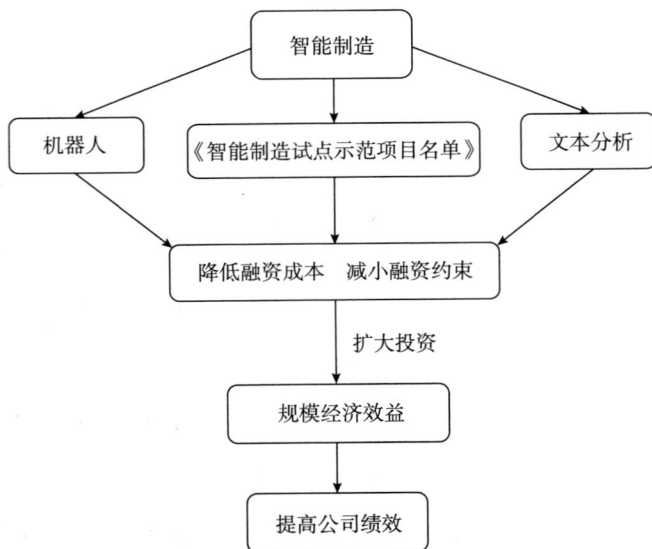

图 1-1　本书逻辑结构

2. 章节结构

本书接下来部分的研究结构安排如下：

第二章，本章通过对 2015～2018 年《智能制造试点示范项目名单》进行事件研究（倾向得分匹配—双重差分），实证探讨了这一公告对公司债务融资成本的影响，并将现金流和收益质量作为影响渠道，同时还进行了企业性质、创新程度和企业规模的异质性分析。

第三章，本章通过对资本市场上市公司的年报进行"智能制造"相关关键词的文本分析，实证探讨智能制造如何通过优化企业资产抵押性和信息环境来影响债务融资成本，同时还进行了劳动力密集度、监管程度和金融发展水平的异质性分析。

第四章，本章同样通过对 2015～2018 年《智能制造试点示范项目名单》进行事件研究（事件研究法），实证探讨了这一公告对公司绩效（超额收益率）的影响，同时还进行了企业性质、监管程度和公司水平的异质性分析。

第五章，本章同样通过对资本市场上市公司的年报进行"智能制造"相关关键词的文本分析，实证探讨智能制造对公司绩效（全要素生产率、资本积累率以及市盈率）的影响，同时还进行了劳动力密集度、劳动力结构和企业性质的异质性分析。

第六章，本章使用国际机器人联合会所提供的工业机器人数据与我国分行业的劳动力数据构建行业层面的智能制造指数，并通过各个公司每个行业的收入比重进行加权得到了公司层面的智能制造指数，在此基础上实证探讨智能制造对公司绩效（单位劳动生产力、营业收入增长率、净资产收益率和总资产收益率）的影响，同时还进行了企业性质、企业规模和监管程度的异质性分析。

第七章，总结了本书的主要结论并且提出了政策建议。

# 第二章

# "制造强国"下的资金导向

## ——基于《智能制造试点示范项目名单》的研究*

　　* 本章的前期研究成果《"中国制造"背景下智能制造对公司债务融资成本的影响》发表于《开发性金融研究》2023 年第 3 期，本章为修订后的版本。

　　本章研究得到教育部人文社会科学重点研究基地重大项目"数智时代资本市场变革与发展趋势研究"（项目批准号：22JJD790047）、清华大学经济管理学院"影响力"提升计划项目"数智时代下的资本市场投融资与风险管理"（项目批准号：2022051006）的资助。

　　本章作者：赵烁，中国社会科学院工业经济研究所助理研究员，清华大学应用经济学博士；陆瑶，清华大学经济管理学院教授，博士生导师；马悦，清华大学经济管理学院金融硕士研究生。

习近平总书记指出，"制造业是国家经济命脉所系""要坚定不移把制造业和实体经济做强做优做大""加快建设制造强国"，在此背景下，工业和信息化部在近几年评选并公布了《智能制造试点示范项目名单》。本章以2015~2018年中国《智能制造试点示范项目名单》为研究对象，以项目所属的沪深两市 A 股上市公司 2009~2022 年的观测值为样本，通过 PSM-DID 模型分析智能制造对于公司债务融资成本的影响。研究发现，采用智能制造技术能够有效降低公司债务融资成本。通过渠道分析发现，智能制造技术会改善公司的收益质量，使公司更受到债权人的青睐而降低所要求的风险补偿，即债务融资成本下降。异质性分析发现智能制造降低公司融资成本的利好影响对于国有企业影响不够明显，但对于小规模企业和自身创新能力较差的企业来说影响显著。最后提出我国应持续加强智能制造，尤其是重点关注民营、低创新以及中小企业智能制造的应用，积极鼓励大数据、云计算以及区块链等新兴技术发展的建议。本章拓展了智能制造在公司金融领域的研究广度，对借贷市场借贷双方投融资决策具有一定的参考价值，对于国家从顶层设计角度布局产业发展具有一定的借鉴意义。

# 一、引言

内生增长理论指出，技术创新是经济增长的源泉。索洛模型指出，以全要素生产率为代表的技术进步，是提升稳态资本水平和均衡经济水平的根本动力。近年来，世界各国都开始关注并大力发展新兴技术来作为经济增长的新引擎与国际竞争的新动力源泉，我国在 2020 年的《政府工作报告》中也明确提出了"加强新型基础设施建设"，其中，人工智能是新技术中的关注焦点，如何将人工智能运用到制造业中来提高社会生产效率已经成为新形势下经济发展的重要方向。2012 年，美国率先提出"美国先进制造业国家战略计划"；德国于 2013 年首次提出以智能制造为主导的"工业 4.0"概念；2015 年，我国提出了中国制造相关战略和计划来支持智能制造技术的发展。由此可见，智能制造已经成为全球工业发展的重要推动力量。

与西方发达国家相比，我国资本市场尚处于新兴发展阶段，相较于股权融资，债务融资是我国企业明显更为主要的融资渠道（余明桂和潘红波，2008）。这是由于在我国资本市场中，股权融资的操作难度、费用和时间成本相较成熟注册制经济体尚有差距，而债权融资能够形成税盾作用并提升财务杠杆利用率，降低综合融资成本，因此具有较大的优势。在债务融资过程中，债务融资成本起着较大的作用。债务融资成本是公司借债需要偿付的报酬，它能够反映企业从外部取得融资是否困难或顺畅，是衡量公司债务融资能力的核心因子。如果能够实现以可控的债务融资代价成功突破公司融资约束，对于企业经营成果和业绩的优化是十分有利的（姜付秀等，2016；李科和徐龙炳，2011；朱凯和陈信元，2009）。同时，根据中国人民银行调查统计司数据，截至 2022 年 12 月 31 日，我国社会融资规模存量总量为 344.21 万亿元，其中，包括人民币及外币贷款、委托贷款、信托贷款、企业债券、政府债券在内的债务融资合计为 320.46 万亿元，占比达 93.10%（见图 2-1）。因此，企业的债务融资成本是一个十分有实用价值的研究主题。在此背景下，本章研究了我国资本市场中的智能制造技术对于企业融资成本的影响。

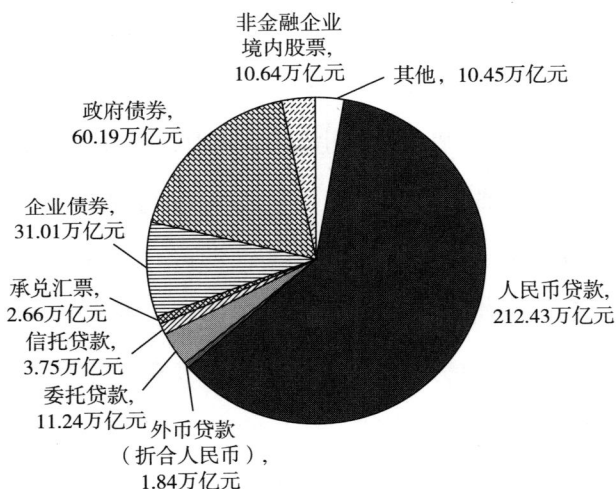

图 2-1　我国社会融资规模存量（截至 2022 年 12 月 31 日）

资料来源：中国人民银行调查统计司。

2015 年在一定程度上可以称作中国智能制造的元年。2016 年，工业和信息化部和财政部正式提出《智能制造发展规划（2016-2020 年）》，这成为我国发展智能制造的顶层制度设计。为响应国家政策，工业和信息化部于 2015 年开始公告《智能制造试点示范项目名单》（以下简称《示范项目名单》），即对处于国内乃至国际领先水平且已投入运营的智能制造项目及所属公司进行表彰性公示。至今,该《示范项目名单》已连续公布多年,其中,2015~2018年为工业和信息化部公告国家级项目名单,2019年及之后的年度为部分省份所进行的省份层面的评选公告。本章正是以2015~2018年所有纳入工业和信息化部《示范项目名单》的项目所属沪深两市A股上市公司为实验组,以从未纳入名单但核心基本面条件与实验组相近的公司作逐一配对形成对照组,通过PSM-DID双重差分模型,研究被纳入《示范项目名单》前后两组公司债务融资成本的变化量是否有差异,以此判断智能制造新技术的应用对于债务融资成本的影响。

本章所研究问题的本质是,银行和债券市场投资者等作为债权人,能否有效识别科技创新类企业投资项目的质量和风险,从而提高债务性资本的配置效率?一方面,银行等金融机构作为资金供给方,可能在甄别出高质量的技术创新项目后,为债务公司提供较为宽松有利的债务融资条件,以降低公司融资成本;另一方面,银行和债券市场投资者也可能会考虑到技术创新项目的投资收益具有更多不确定性的特质,而要求更高的风险补偿,从而提升公司债务融资成本。最终,本章的实证结果表明智能制造技术显著降低了企业的债务融资成本。在渠道分析中,本章发现智能制造可以提升公司的收益质量,使公司会更受到债权人的青睐而降低所要求的风险补偿,因此减少了债务融资成本。其中,本章将企业的收益质量定义为经营现金流净额与净利润的比值。本章证实了智能制造新技术可以降低公司的劳动力成本并提升公司的折旧摊销费用,由于公司的劳动力成本通常都是以现金的方式支付的,因此劳动力成本的降低会为企业保留大量的现金进而提升收益质量;而智能制造设备的引进会为企业增加折旧摊销费用,在新会计准则下,折旧摊销费用可以在不产生实际现金流出的情况下进行计提来降低净利润,因此折旧摊销费用的提升对于企业的收益质量同样有着正向作用。异质性分析发现智能制造对于降低公司融资成本的利好影响在国有企业中不够明显、在资产规模较小企业中比大规模企业中明显、在自身创新能力较弱企业中较为明显。

本章有以下几点学术贡献：

首先，在研究内容方面，由于智能制造尚属新兴领域，技术发展处于起步阶段，更多研究着眼于技术本身及其战略意义和对宏观经济层面的影响（Boyer，1999；Aghion et al.，2017），以及对劳动力需求的影响（陈媛媛等，2022；王永钦和董雯，2020），而研究智能制造对于企业债务融资成本的影响尚未被覆盖。也有部分学者研究了研发支出对于上市公司经营业绩的影响（解维敏和唐清泉，2011），金融科技对于提升金融企业盈利能力的影响（于波等，2020），以及科技型中小企业发行私募债进行融资的政策建议（王栓，2017）等，但这些研究与本章研究仅仅是在外围概念上有相关性，尚未覆盖研究智能制造新技术对于债务融资成本及债务融资能力影响这一内容。因此可以认为本章的研究填补了相关领域的研究空白。本章在前人学术文献的基础上，扩展了智能制造技术在微观层面上对于公司金融影响的研究视角，也为公司债务融资成本的影响因素探究领域补充了新的因子，论证了智能制造技术有利于降低公司债务融资成本，并分析了影响渠道和其他交互性影响因素。

其次，以往有关公司债务融资成本的研究文献，多从债权人角度（刘笑霞和李明辉，2022）、经理人角度（周楷唐等，2017；黄容等，2022）以及市场环境角度（吴赢等，2021；张国法和李心合，2021；杨冕等，2022）进行分析，尽管以往少数文献探讨了智能制造与金融行业的结合方式（黄敏，2015；柳培德和李红强，2017），但尚未有文献探讨智能技术对于公司债务融资成本的影响，因此本章在一定程度上开辟了这一领域的研究先河。

再次，在传导机制方面，本章尝试将企业的劳动力成本和折旧摊销费用作为第一层中介指标,将企业的收益质量作为第二层中介指标,将技术创新与企业的金融行为结果相联系,即通过企业的业务经营和财务基本面作为联系的传导渠道,丰富了研究的逻辑链条,更贴近企业的经营实质。

最后,在研究模型的技术层面,《示范项目名单》于 2015 年才开始进行评选和公告,本章利用现有的数据,更新拓展了样本量,获得了统计学上可以开展实验的数据量。另外,本章采用倾向得分匹配法和双重差分模型,通过设置实验组和对照组,进行多元回归和 t 检验,有利于解决传统回归模型所带来的内生性问题并解决选择偏差问题。

对于政策制定者而言,本章为其完善助推企业开展智能制造应用的顶层设计提供了理论依据;对于企业而言,有利于其基于自身所处行业、业务财务基本面特征进行智能制造新技术创新投资的决策以及债务融资决策分析,为其控制融资成本提供一个思路;对于银行及债券市场投资者等作为债权人的金融机构,有助于其进行企业分析和信用研究,更合理地评判其融资风险,确定合适的债务资金定价。

本章的后续部分主要安排如下:第二部分为文献综述与研究假设;第三部分为数据;第四部分为实证模型和结果;第五部分为渠道分析;第六部分为异质性分析;第七部分为稳健性检验;第八部分为研究结论。

# 二、文献综述与研究假设

本章在此部分会系统梳理以往文献中有关智能制造对企业的影响、债务融资成本的影响因素分析以及技术与企业融资交互影响的研究,并结合智能制造对企业债务融资成本的影响机制提出本章的研究假设。

## （一）智能制造对企业的影响

以往学者在智能制造对企业影响方面仍然存在着较大争议：

大部分学者目前对于智能制造以及人工智能技术的发展是持有积极态度的。国外学者中，Acemoglu 和 Restrepo（2018）研究得出，人工智能等新技术的应用有利于企业进行更加标准、规范和客观化的生产过程，以此提升公司生产效率；Cockburn 等（2018）认为，人工智能有利于企业科技创新，拥有更多专利数量，并对企业的组织和管理决策带来积极影响；Heaton 等（2017）从金融视角出发，研究得出人工智能帮助企业通过深度学习建模，优化投资组合和金融风险的管理的结论。国内学者中，任保平和宋文月（2019）定性分析了如何使新一代人工智能技术能够与宏观实体经济深度融合，提高我国经济发展质量；赵烁等（2019）利用我国《智能制造试点示范项目名单》中公司的实证研究得出结论：人工智能技术的应用有利于提升以超额收益率计算的企业价值；肖静华和李文韬（2020）从组织管理的视角出发，认为智能制造对于推动企业进行战略变革形成正向作用。

与此同时，也有部分学者认为智能制造会对企业带来负面影响。国外学者中，Acemoglu 和 Restrepo（2018）认为，新技术与劳动力技能的不匹配以及过快更新的技术反而会阻碍生产率提高；Aghion 等（2017）认为，人工智能和以此为基础的智能制造的发展存在一定概率会刺激已经存在且投入运营的产品和技术的加速模仿，减少创造性迭代，导致创新激励的减少。国内学者中，王君等（2017）研究了人工智能等新技术的进步对就业的影响，结论为既有负向的破坏效应，主要体现在替代低端人力就业方面，短期内影响较小但长期不可忽视，也有正向的创造效应或补偿效应。

## （二）企业债务融资成本影响因素相关研究

有关企业债务融资成本影响因素的研究，目前来看过往文献已经较为丰硕。在宏观经济层面，广泛的研究认为地区经济发展水平、政治关系和制度环境等会对企业的债务融资成本产生影响。例如，Hackbarth 等（2005）通过理论分析和建模，论证了地区的整体宏观经济水平对于公司的债务融资成本影响在统计学上显著；苏冬蔚和曾海舰（2009）、沈洪涛和马正彪（2014）均通过实证检验数据分析指出了我国不同地区间横向及同一地区不同时间纵向下的经济发展水平差异与公司债务融资成本具有强的相关性。此外，Charumilind 等（2006）通过研究发现，在获取长期贷款过程中，具有更亲密的政治关系的公司可以获得较低的抵押率条件与较多的贷款数额，有利于降低债务融资成本；毛新述和周小伟（2015）通过近 10 年间 A 股上市公司数据，回归分析发现了公开债务融资与企业高管政治关联度间的强相关性，其中，非国有企业的这一效应更加突出；Bradley 等（2016）研究发现，宏观经济政策和制度变化的风险会降低企业债务评级并提高债务融资成本；张敏和李延喜（2013）以我国沪深两市 A 股上市企业横跨 10 余年间的数据为样本得出结论：东中西部的制度环境差异是不同公司偏好的融资方式不同和融资成本差异的原因。

在微观经济层面，以往文献主要分析了公司治理特征以及信息披露等因素对企业债务融资成本的影响。例如，Ashbaugh-Skaife（2006）指出，大股东数量和 CEO 权力与公司信用评级呈负相关；周楷唐等（2017）发现，上市公司高管的高校或科研学术经历通过债务代理风险和信息风险普遍能够降低公司债务融资成本；Mansi 等（2004）研究发现，公司通过年报、业绩声明等渠道提升信息披露质量会使各参与方的决策更易于同步化，有利于获得外部资金供给方的信赖，因而能够降低债务融资成本；李志军和王善平（2011）、赵慧清和陈新国（2015）发现在我国，提高信息披露质量有利于降低银企间的信息不对称水平，从而降低企业融资成本。

### （三）技术与企业融资的交互影响

智能制造的外延概念为技术进步，在相较智能制造更加广义的"技术"与企业融资的交互影响方面，Laurence（1991）借助柯布－道格拉斯生产函数模型，认为企业通过选择其所适用的技术和生产方式，能够影响其风险水平，进而显著影响企业融资成本，结论是资本密集型企业的融资成本更低；王贞洁（2016）发现，我国存在部分规模较大的中央和地方国有企业，缺乏必要的技术创新动力，但面临的融资约束更少，更易于取得低成本的债务资源，存在"信贷歧视"的问题；刘超等（2019）研究指出，中国的人工智能行业上市公司融资效率有待提高，资本结构、企业的营运能力和成长性是影响融资效率的主要因素。国内还有部分学者运用 DEA 模型着力研究和测算我国不同行业企业的融资效率，如王重润和王赞（2016）发现我国新三板企业融资效率普遍较低；黄当玲和李立祯（2016）发现负债规模越大、融资成本越高的企业，融资效率越低。

### （四）研究假设

智能制造新技术的应用最直接的影响是降低企业的劳动力成本，而通常情况下企业对于劳动力成本的支付都是以现金的方式进行的，因为智能制造新技术可以在固定会计当期内为企业保留大量的现金，从而提高企业的收益质量；与此同时，智能设备的投入还会为企业增加会计当期的折旧摊销费用，这一费用作为可以在会计期间计提但是并不实际产生现金流的会计科目，其量额的提升同样可以提高企业的收益质量。而当企业的收益质量得到提升时，企业会更容易得到资金供给方的青睐，从而降低融资成本。

基于以上分析，本章提出了如下研究假设：

**H2：智能制造新技术可以显著降低公司的债务融资成本。**

# 三、数据

## （一）样本选择与数据来源

本章选取自 2015 年《示范项目名单》公告以来所有纳入过名单的项目所属中国沪深两市 A 股上市公司作为样本，共计 169 家。剔除 ST、*ST 公司、上市时长过短公司、在观测时间窗口中从未采用过有息债务的公司，以及部分财务数据有缺失的观测值后构成实验组样本，共计 132 家上市公司。在回归分析中，采用 2009~2022 年 14 年时间观测期内，共计 132×14＝1848 个年度/公司观测值构成实验组面板数据。为满足平行趋势条件，采用倾向得分匹配法逐一构建对照组，使对照组内公司除了未有项目被纳入《示范项目名单》外，在其他重要方面均与实验组相似，包括资产负债率、资产总值对数和收入年增长率，一一对应形成 1848 个观测值构成的对照组。

本章《示范项目名单》来自工业和信息化部官网历年公告，上市公司标准化财务数据来自 WIND 数据库，部分变量数据来自手工处理（自上市公司年度报告中摘录整理得出）。对数据的处理软件采用 STATA 展开。

## （二）变量设定

参考赵烁等（2019）研究方法，本章以工业和信息化部发布的《智能制造试点示范项目名单》来衡量智能制造技术，较好地解决了核心解释变量智能制造技术应用难以量化的难题。本章研究的被解释变量为公司债务融资成本，控制变量包括总资产收益率、公司成立年限、总资产周转率、硕博士占员工比例、公司实际控制人性质、资产规模、研发支出规模、财政补贴和税收负担。

### 1. 智能制造技术

本章设置 $Treat_i$ 为组间虚拟变量，若公司 $i$ 的智能制造项目在实验期 2015～2018 年的其中任意一年被纳入过《示范项目名单》，则该公司对应的 $Treat_i$ 变量取值为 1，否则为 0。即实验组 $Treat_i$ 取值为 1，对照组取值为 0。设置 $Post_i$ 为时间虚拟变量，表示公司是否处于纳入《示范项目名单》后的年份，公司项目被纳入名单之前，$Post_i$ 取值为 0，被纳入名单当年及之后 $Post_i$ 变量取值为 1。最终，本章采用 $Treat_i \times Post_i$ 作为智能制造技术的衡量指标。

### 2. 债务融资成本

研究债务融资成本影响因素的文献较为丰硕，并且对于该核心变量的界定也基本达成共识，本章借鉴张伟华等（2018）、赖黎等（2016）以及 Pittman 和 Fortin（2004）文献内的一致定义方式，设置本章被解释变量债务融资成本（$DebtCost$）＝利息支出/有息负债期初期末平均值，其中有息负债包括短期借款+长期借款+一年内到期长期借款+应付债券+其他。其中，其他包括个别公司的特殊情况，如其他应付款中的带息融资租赁、有息往来借款等。构造公式如式（2-1）所示：

$$DebtCost_{i,t} = 2 \times InterestExpense_{i,t} / (Debt_{t-1} + Debt_t) \qquad (2-1)$$

3. 控制变量

在控制变量方面，借鉴前人文献，本章控制了公司不同维度的部分财务指标及其他与技术创新有关的基本面信息：参考 Asmi（2014），本章控制了可以衡量公司盈利能力的总资产收益率（ROA）；参考罗炜和朱春艳（2010），本章控制了公司的实际控制人性质（Owner），即实际控制人是否为政府。此外，本章还控制了公司成立年限（Age），控制了代表公司营运能力的总资产周转率（Turnover），控制了衡量公司劳动力结构的硕博士学位员工占全部员工比例（MnD），控制了公司总资产规模（lnAsset），控制了与企业创新相关的公司研发支出规模（lnResearch），以及公司可能存在的财政补贴情况（lnSubsidy）和税收负担（lnTax）。

4. 渠道分析变量

渠道分析中，本章涉及的中介指标包括公司的劳动力成本（LaborCost）、折旧摊销费用（DnA）和公司的收益质量（NIQual）。其中，劳动力成本和折旧摊销费用均采用了绝对值后的自然对数进行标准化处理；收益质量采用了经营活动产生的现金流量净额与归母净利润之比进行衡量。最终，本章要证明的是智能制造技术可以通过降低公司劳动力成本、提升折旧摊销费用来提升企业的收益质量，据此降低公司的债务融资成本。

本章主要变量的定义如表 2-1 所示。

表 2-1　变量说明

| 变量性质 | 变量名称 | 符号 | 变量构造方式说明 |
| --- | --- | --- | --- |
| 被解释变量 | 债务融资成本 | DebtCost | 利息支出/有息负债期初期末平均值×100% |
| 解释变量 | 智能制造技术 | Treat×Post | 入选公告的实验组 $Treat_i$ 取值为 1，对照组取值为 0；公司项目被纳入名单之前，$Post_i$ 取值为 0，被纳入名单当年及之后 $Post_i$ 变量取值为 1 |

续表

| 变量性质 | 变量名称 | 符号 | 变量构造方式说明 |
|---|---|---|---|
| 控制变量 | 总资产收益率 | ROA | 当期净利润/总资产×100% |
| | 公司成立年限 | Age | 公司自成立以来年份向上取整 |
| | 总资产周转率 | Turnover | 当期营业收入/期初期末总资产的平均值×100% |
| | 硕博占比 | MnD | 当期公司所有拥有硕博士学位的员工占全部员工人数之比 |
| | 实际控制人性质 | Owner | 上市公司实际控制人，如为国有企业取值为1，如为民营或外资企业取值为0 |
| | 资产规模 | lnAsset | 上市公司期末以元为单位的总资产取自然对数 |
| | 研发支出规模 | lnResearch | 研发支出的当期增量，以元为单位后取自然对数 |
| | 财政补贴 | lnSubsidy | 其他收益和营业外收入明细科目中的政府补助加总，以元为单位后取自然对数 |
| | 税收负担 | lnTax | 所得税费用与税金及附加加总，以元为单位取自然对数 |
| 渠道分析变量 | 劳动力成本 | lnLaborcost | 当期公司发生的全体员工薪酬总额，以元为单位后取自然对数 |
| | 折旧摊销费用 | lnDnA | 当期公司发生的全部折旧及摊销费用总额，以元为单位后取自然对数 |
| | 收益质量 | NIQual | 当期经营活动产生的现金流量净额/当期归属于母公司所有者的净利润 |

## （三）描述性分析

本章选取 2015~2018 年被纳入《示范项目名单》且数据符合要求的 132 家所属上市公司作为实验组，通过 PSM 方法逐一配对后得到对应的 132 家对照组制造业 A 股上市公司，时间窗口为 2009~2022 年，全样本年份-公司观测值共计 3696 个。本章各变量均使用 Winsor2 进行了缩尾处理，样本整体数据描述性统计如表 2-2 所示。

表 2-2  样本全体描述性统计

| 变量名 | 均值 | 中位数 | 标准差 | 最小值 | 最大值 |
|---|---|---|---|---|---|
| $Treat \times Post$ | 0.293 | 0.000 | 0.552 | 0.000 | 1.000 |
| $DebtCost$ | 5.134 | 4.915 | 2.461 | 0.145 | 16.334 |
| $\ln Laborcost$ | 19.882 | 19.772 | 2.512 | 13.361 | 24.330 |
| $\ln DnA$ | 20.008 | 19.851 | 2.113 | 13.523 | 22.200 |
| $NIQual$ | 225.186 | 218.779 | 300.188 | −997.191 | 2884.112 |
| $ROA$ | 4.774 | 4.009 | 6.041 | −30.884 | 52.516 |
| $Age$ | 20.941 | 21.000 | 6.030 | 1.000 | 42.000 |
| $Turnover$ | 0.800 | 0.715 | 0.552 | 0.018 | 4.060 |
| $MnD$ | 3.361 | 2.718 | 5.032 | 0.000 | 35.669 |
| $Owner$ | 0.479 | 0.000 | 0.586 | 0.000 | 1.000 |
| $\ln Asset$ | 25.582 | 25.993 | 3.612 | 18.771 | 30.335 |
| $\ln Research$ | 20.020 | 20.089 | 2.513 | 11.549 | 24.411 |
| $\ln Subsidy$ | 17.825 | 17.993 | 1.996 | 9.924 | 26.540 |
| $\ln Tax$ | 18.931 | 18.900 | 2.110 | 10.515 | 27.411 |

资料来源：WIND。STATA 整理。

本章实验组数据描述性统计如表 2-3 所示。

表 2-3  实验组描述性统计

| 变量名 | 均值 | 中位数 | 标准差 | 最小值 | 最大值 |
|---|---|---|---|---|---|
| $Treat \times Post$ | 0.493 | 1.000 | 0.320 | 0.000 | 1.000 |
| $DebtCost$ | 4.916 | 4.833 | 2.871 | 0.145 | 15.561 |
| $\ln Laborcost$ | 19.841 | 19.683 | 2.008 | 13.361 | 23.667 |
| $\ln DnA$ | 20.882 | 20.014 | 2.003 | 14.113 | 22.200 |
| $NIQual$ | 230.188 | 227.114 | 320.166 | −1000.449 | 2884.112 |
| $ROA$ | 4.883 | 4.456 | 5.887 | −31.113 | 52.516 |
| $Age$ | 21.003 | 21.990 | 6.200 | 1.000 | 41.000 |
| $Turnover$ | 0.820 | 0.733 | 0.630 | 0.188 | 4.060 |
| $MnD$ | 4.055 | 3.226 | 4.886 | 0.000 | 35.669 |

| 变量名 | 均值 | 中位数 | 标准差 | 最小值 | 最大值 |
|---|---|---|---|---|---|
| *Owner* | 0.455 | 0.015 | 0.517 | 0.000 | 1.000 |
| ln*Asset* | 24.816 | 25.123 | 3.655 | 18.771 | 29.661 |
| ln*Research* | 19.540 | 19.446 | 1.987 | 14.455 | 23.825 |
| ln*Subsidy* | 17.952 | 17.883 | 2.088 | 10.006 | 23.551 |
| ln*Tax* | 18.971 | 18.993 | 2.339 | 11.285 | 26.446 |

资料来源：WIND。STATA 整理。

本章对照组数据描述性统计如表 2-4 所示。

**表 2-4　对照组描述性统计**

| 变量名 | 均值 | 中位数 | 标准差 | 最小值 | 最大值 |
|---|---|---|---|---|---|
| *Treat×Post* | 0.000 | 0.000 | 0.000 | 0.000 | 0.000 |
| *DebtCost* | 5.399 | 5.087 | 2.992 | 0.152 | 16.334 |
| ln*Laborcost* | 20.446 | 20.339 | 2.441 | 14.017 | 24.330 |
| ln*DnA* | 19.443 | 19.667 | 2.192 | 13.523 | 21.917 |
| *NIQual* | 210.588 | 209.556 | 336.177 | −997.191 | 2860.440 |
| *ROA* | 4.442 | 3.880 | 6.133 | −30.884 | 48.884 |
| *Age* | 19.879 | 20.552 | 5.997 | 1.000 | 42.000 |
| *Turnover* | 0.793 | 0.706 | 0.660 | 0.020 | 4.044 |
| *MnD* | 3.005 | 2.064 | 5.220 | 0.000 | 34.332 |
| *Owner* | 0.503 | 0.000 | 0.493 | 0.000 | 1.000 |
| ln*Asset* | 26.033 | 26.331 | 4.033 | 19.663 | 30.335 |
| ln*Research* | 20.669 | 20.331 | 2.440 | 12.355 | 24.411 |
| ln*Subsidy* | 17.900 | 18.020 | 1.887 | 9.824 | 25.917 |
| ln*Tax* | 19.114 | 19.005 | 2.005 | 10.663 | 27.411 |

资料来源：WIND。STATA 整理。

由表 2-2 至表 2-4 可见，在被解释变量债务融资成本上，全样本数据分布在 0.145~16.334，可见我国不同上市公司间的年化债务融资成本差异较大，不同信用利差对于不同资质公司所带来的借贷成本差异明显；对照组和实验组整体而言没有明显差异，对照组中位债务融资成本为 5.087，实验组略低，为 4.833，数据分布较为理想，均值与中位数也较为接近。在重要中介指标劳动力成本和折旧摊销费用上，由于原始数据分布明显不符合正态分布要求，故作取自然对数处理，全样本公司各年度劳动力成本分布于 63.48 万~368.46 亿元；折旧摊销费用分布于 74.64 万~43.79 亿元，差异较大。对于收益质量，全样本各公司之间同样存在较大差异。整体来看，对照组和实验组的各变量分布及取值大小无明显差异，是较为理想的检验样本。

# 四、实证模型和结果

## （一）模型设计

### 1. 倾向得分匹配（PSM）配对样本

双重差分（DID）模型是基于自然数据和反事实的框架，用以衡量社会学方面政策性冲击的影响较为合适的计量模型，但使用双重差分模型的前提条件为满足平行趋势假设并通过平行趋势检验，即事件发生前后具有随机性。但是《示范项目名单》的评选并非随机化的过程，是工业和信息化部在综合评定了公司智能制造项目的技术水平、应用和运营情况后做出的，因此不符合传统意义上 DID 模型的平行趋势假设。为解决这一问题，本章参考 Abadie 和 Imbens（2016）的方法，在通过双重差分模型进行回归分析之前，先进行倾向得分匹配法的配对工作，从而解决基于自然的观测数据减少混杂因素的干扰和数据选择偏差。

　　首先对于实验组的 132 个上市公司按照倾向得分匹配法中的一对一最近邻匹配法，逐一进行对照组公司的配对，形成对照组。由于《示范项目名单》每年公告一次，属于多期事件，因此本章进行了逐年匹配。参考纳入《示范项目名单》的准入标准、Smith 和 Todd（2005）的独立假设条件，以及赵烁等（2019）的构造方式，本章选取了 9 个控制变量作为匹配变量，在证监会行业分类属于制造业的从未纳入名单的上市公司中进行匹配，并用 Logit 回归逐一配对得到了对照组样本。匹配后的平衡性条件检验情况如表 2-5 所示。

表 2-5　PSM 实验组与对照组匹配平衡性检验

| 变量名 | 实验组均值 | 对照组均值 | 均值差 | t 值 | p 值 |
|---|---|---|---|---|---|
| ROA | 4.883 | 4.442 | 0.441 | 0.771 | 0.441 |
| Age | 21.003 | 19.879 | 1.124 | 0.525 | 0.600 |
| Turnover | 0.820 | 0.793 | 0.027 | 0.874 | 0.382 |
| MnD | 4.055 | 3.005 | 1.050 | 1.003 | 0.316 |
| Owner | 0.455 | 0.503 | -0.048 | -0.422 | 0.673 |
| lnAsset | 24.816 | 26.033 | -1.217 | 0.404 | 0.686 |
| lnResearch | 19.533 | 20.669 | -1.136 | 1.222 | 0.222 |
| lnSubsidy | 17.991 | 17.900 | 0.091 | 0.842 | 0.400 |
| lnTax | 19.003 | 19.114 | -0.111 | 0.496 | 0.620 |

　　由表 2-5 可知，实验组与对照组公司在主要匹配条件方面的均值差均不显著，即实验组和对照组无显著差异，匹配得到了较为理想的效果，符合平衡性假设。

2. 双重差分模型

双重差分模型是实证研究中常用的模型构建方式，通过分析实验组与对照组的差分值，达到检验事件或政策效果的目的，有利于解决传统回归模型中的内生性问题。我国自 2015 年起，每年评选并公告一次《示范项目名单》，采用智能制造技术的我国上市公司范围在逐渐扩大。截至 2018 年，共有 132 家上市公司被纳入了本章的样本，该情形符合使用多期双重差分模型的条件。本章构建的回归模型如下：

$$DebtCost_{i,t} = \alpha_1 \times Treat_{i,t} + \alpha_2 \times Post_{i,t} + \alpha_3 \times Treat_{i,t} \times Post_{i,t} + \beta_1 \times ROA_{i,t} + \beta_2 \times Age_{i,t} +$$

$$\beta_3 \times Turnover_{i,t} + \beta_4 \times MnD_{i,t} + \beta_5 \times Owner_{i,t} + \beta_6 \times \ln Asset_{i,t} + \beta_7 \times \ln Research_{i,t} +$$

$$\beta_8 \times \ln Subsidy_{i,t} + \beta_9 \times \ln Tax_{i,t} + \theta_i + \theta_t + \gamma_{i,t} + c \qquad （2-2）$$

其中，$\theta_i$ 和 $\theta_t$ 分别为公司固定效应和年份固定效应；$\gamma_{i,t}$ 为误差项；$c$ 为常数项。本章使用了公司聚类标准误处理了潜在的异方差问题。

## （二）实证结果

为了检验智能制造新技术的应用是否会对公司的债务融资成本产生影响，本章对于采用倾向得分匹配法后的全样本，按照上文构造的 DID 模型即式（2-2）进行了回归检验，结果如表 2-6 所示。

表 2-6　智能制造技术的应用对债务融资成本的影响

| 变量名 | DebtCost |
|---|---|
| Treat×Post | −0.528*** |
| | （0.105） |
| ROA | −0.044** |
| | （0.020） |
| Age | −0.079*** |
| | （0.022） |

续表

| 变量名 | *DebtCost* |
|---|---|
| *Turnover* | −0.185 ** |
| | (0.079) |
| *MnD* | −0.039 |
| | (0.078) |
| *Owner* | −0.277 *** |
| | (0.100) |
| ln*Asset* | −0.214 *** |
| | (0.080) |
| ln*Research* | 0.088 ** |
| | (0.040) |
| ln*Subsidy* | −0.019 |
| | (0.027) |
| ln*Tax* | 0.081 ** |
| | (0.040) |
| *Constant* | 2.007 *** |
| | (0.446) |
| Firm FE and Year FE | YES |
| Observations | 3696 |
| Adj. R−squared | 0.255 |

注：括号内为标准误，***、**、*分别表示在1%、5%、10%水平上显著，下同。

回归结果中，交叉项 *Treat×Post* 前回归系数为−0.528且在1%水平上显著，说明公司采用智能制造新技术有利于降低其债务融资成本，从而证实了本章的研究假设。在控制变量上，总资产收益率、成立年限、总资产周转率、公司属性、总资产规模均在5%或1%水平上显著，与公司债务融资成本呈负相关。即其他条件一致情况下，盈利能力和营运能力越强的公司，以及稳定性越好的公司（资产规模大、成立时间长），获得的债务资金成本越低；同时，国有企业相较于非国有企业的债务融资成本更低。此外，税收负担越重的企业债务融资成本越高，这也与经济实质相符合。

# 五、渠道分析

本章在此部分将进一步论证智能制造是通过影响公司的收益质量对债务融资成本产生的影响，同时还会剔除可能存在的"名单效应"影响渠道。

## （一）智能制造对劳动力成本和折旧摊销费用的影响

根据前文的分析，公司采用智能制造技术之后，会大规模地替代公司的人力劳动力，尤其是低技能人力劳动力，从而减少劳动力成本，并且公司采用智能制造技术会采购大量的固定设备和无形资产（专利、软件等），这会增加未来每一期公司的折旧摊销费用。为了论证笔者的分析，本章在表2-7中实证检验了这一结论，最终发现，智能制造技术的确可以显著降低企业的劳动力成本并增加企业的折旧摊销费用。

表2-7 智能制造技术对劳动力成本和折旧摊销费用的影响

| 变量名 | （1）<br>ln*Labor* | （2）<br>ln*DnA* |
|---|---|---|
| *Treat*×*Post* | -0.255*** | 3.002*** |
| | （0.091） | （0.663） |
| *ROA* | -0.028* | -0.188 |
| | （0.016） | （0.144） |
| *Age* | 0.060 | 0.200* |
| | （0.055） | （0.120） |

| 变量名 | (1)<br>ln*Labor* | (2)<br>ln*DnA* |
|---|---|---|
| *Turnover* | 0. 442 *** | -2. 900 *** |
| | (0. 083) | (1. 003) |
| *MnD* | 0. 077 | 0. 106 |
| | (0. 065) | (0. 100) |
| *Owner* | 0. 162 | 1. 114 |
| | (0. 125) | (0. 779) |
| ln*Asset* | 0. 668 *** | 0. 896 *** |
| | (0. 205) | (0. 214) |
| ln*Research* | 0. 045 | 0. 180 ** |
| | (0. 039) | (0. 073) |
| ln*Subsidy* | -0. 040 | -0. 211 |
| | (0. 061) | (0. 188) |
| ln*Tax* | -0. 027 | 0. 078 |
| | (0. 019) | (0. 067) |
| *Constant* | -1. 225 *** | -2. 330 *** |
| | (0. 231) | (0. 661) |
| Firm FE and Year FE | YES | YES |
| Observations | 3696 | 3696 |
| Adj. R-squared | 0. 357 | 0. 305 |

## （二）劳动力成本和折旧摊销费用对收益质量的影响

按照财务会计的权责发生制准则，本章将收益质量定义为：经营活动产生的现金流量净额占当期归属于母公司所有者净利润的比例。对于企业而言，劳动力成本主要是以现金支付的方式进行的，因此劳动力成本的降低会在会计当期为企业保留大量的现金，从而提高企业的收益质量；同时，由于折旧摊销费用是企业根据会计准则进行计提的，但并不产生实际现金流出的部分,因此其数额的增加会增加现金流量净额并降低净利润,从而提高收益质量。为了论证本章的分析,笔者在此对劳动力成本和折旧摊销费用对企业收益质量的影响进行了实证验证,结果如表2-8所示,最终的回归结果显示:劳动力成本与收益质量负相关,而折旧摊销费用与收益质量正相关,即劳动力成本的降低和折旧摊销费用的增加会显著提高企业的收益质量。

表2-8 劳动力成本和折旧摊销费用对收益质量的影响

| 变量名 | (1) NIQual | 变量名 | (2) NIQual |
|---|---|---|---|
| Laborprop | -2.003*** (0.425) | DnAprop | 3.117*** (1.202) |
| ROA | -2.008** (1.000) | ROA | -1.910** (0.810) |
| Age | -1.241 (0.847) | Age | -1.693 (1.520) |
| Turnover | 2.106** (0.914) | Turnover | 1.881*** (0.663) |
| MnD | -0.997*** (0.330) | MnD | -1.210*** (0.389) |
| Owner | 0.875*** (0.332) | Owner | 1.115*** (0.338) |
| lnAsset | 2.003 (2.111) | lnAsset | 1.338 (0.996) |
| lnResearch | -2.440 (1.993) | lnResearch | -1.884* (0.997) |
| lnSubsidy | 1.450 (1.113) | lnSubsidy | 1.003 (0.878) |
| lnTax | -1.663* (0.911) | lnTax | -2.110 (1.773) |

续表

| 变量名 | （1）<br>*NIQual* | 变量名 | （2）<br>*NIQual* |
|---|---|---|---|
| *Constant* | 1.633<br>（1.224） | *Constant* | −1.424***<br>（0.336） |
| Firm FE and Year FE | YES | Firm FE and Year FE | YES |
| Observations | 3696 | Observations | 3696 |
| Adj. R-squared | 0.110 | Adj. R-squared | 0.086 |

## （三）收益质量对债务融资成本的影响

债务性资金的供给方不同于股权资本的供给方，其预期获得的投资回报是固定收益，因此更看重本金和利息的安全性，规避极端不利情况的发生以及可靠的偿债保障能力，相较于潜在增长空间的大小更为重要。因而，债权人在分析债务人信用情况并作出信贷或投资决策时，比起盈利能力，更为关注债务人公司收益质量情况。因此，收益质量是企业外部融资能力的一个重要信号，公司的收益质量越好，公司的债务融资成本也会越低。为验证本章的分析，笔者在表 2-9 中对收益质量如何影响企业债务融资成本进行了实证验证，最终证实了笔者的分析，即公司收益质量可以显著降低公司的债务融资成本。

表 2-9　收益质量对债务融资成本影响的回归结果

| 变量名 | *DebtCost* |
|---|---|
| *NIQual* | −0.126**<br>（0.061） |
| *ROA* | −0.044***<br>（0.028） |
| *Age* | −0.060***<br>（0.021） |

| 变量名 | *DebtCost* |
|--------|-----------|
| *Turnover* | −0.182** |
| | (0.090) |
| *MnD* | −0.077 |
| | (0.069) |
| *Owner* | −0.149*** |
| | (0.050) |
| ln*Asset* | −0.163** |
| | (0.071) |
| ln*Research* | 0.211 |
| | (0.164) |
| ln*Subsidy* | −0.044 |
| | (0.037) |
| ln*Tax* | 0.036* |
| | (0.021) |
| *Constant* | 1.660*** |
| | (0.611) |
| Firm FE and Year FE | YES |
| Observations | 3696 |
| Adj. R-squared | 0.133 |

## （四）剔除"名单公告效应"

在本章影响渠道的分析中，对于外部市场而言，企业入选《示范项目名单》本身也是一个重要的信号，外部投资者极有可能因为其入选了公告而对其产生信任，从而降低融资门槛。为了检验这一渠道，本章默认了企业入选公告的第二年会产生所谓的"名单公告效应"，且公告效应产生后的债务融资成本较之前年份发生了明显变化，并通过 t 检验检验该变化是否具有显著性。

本章的检验结果如表 2-10 所示，最终结果显示，实验组 132 家上市公司在被纳入名单第二年的债务融资成本较纳入名单前一年并无统计上的显著差异，即剔除了可能存在的"名单公告效应"影响。

表 2-10　纳入名单前后一年债务融资成本差值检验

| Difference | (1) $(t+1)-t$ | (2) $t-(t-1)$ |
|---|---|---|
| 平均值 | -0.192 | -0.035 |
| 方差 | 2.814 | 2.711 |
| 观测值 | 132 | 132 |
| 泊松相关系数 | -0.027 | |
| 假设平均差 | 0 | |
| 自由度 | 131 | |
| t 统计量 | -0.776 | |
| P（T≤t）单尾 | 0.220 | |
| t 单尾临界 | 1.65 | |
| P（T≤t）双尾 | 0.439 | |
| t 双尾临界 | 1.97 | |

综上所述，可以认为智能制造技术的使用能够显著降低企业的劳动力成本并增加企业的折旧摊销费用，从而显著提升企业的收益质量。而当企业的收益质量变好时，外部投资者会降低企业的借债门槛，即企业的债务融资成本会显著降低。

# 六、异质性分析

在本部分笔者将针对企业属性，包括企业的实际控制人、资产规模和研发支出，对智能制造技术在不同性质公司中对债务融资成本的不同影响进行研究。

## （一）公司实际控制人属性

Charumilind 等（2006）研究指出，在获取长期贷款过程中，具有更亲密的政治关系的公司可以获得较低的抵押率条件与较多的贷款数额。王贞洁（2016）发现，我国存在部分规模较大的中央和地方国有企业，缺乏必要的技术创新动力，但面临的融资约束更少，更易于取得低成本的债务资源。综合前人研究结果，本章猜想，国有企业由于具有国家信用作为担保，本身的债务融资成本基本可以满足自身需求，因此智能制造技术被引进后所能发挥作用的空间会相对较小。而非国有企业在引进智能制造技术后，其对于收益质量的改善作用会对这部分企业的债务融资成本产生较大的降低作用。为论证这一猜想，本章构建了交叉项 $Treat \times Post \times Owner$，并在表 2-11 的列（1）进行了检验，最终结果显示 $Treat \times Post \times Owner$ 与债务融资成本显著正相关，即在非国有企业中，智能制造对债务融资成本产生了更显著的影响，即证实了笔者的猜想。

## （二）公司资产规模

公司资产规模是衡量公司偿债能力的一个重要考量因素，一般而言，资产规模越大，企业运营的稳定性越强，企业可用于偿债的体量将更有保障，智能制造技术对于规模较大的企业发挥作用的空间可能相对较小。因此，本章猜想智能制造技术对于债务融资成本的影响在资产规模较小的公司中可能更为显著。为论证这一猜想，本章构建了交叉项 $Treat \times Post \times lnAsset$，在表2-11的列（2）中，笔者发现这一交叉项为正向显著，即智能制造技术的确在小规模企业中对债务融资成本产生了更为显著的影响。

### （三）研究支出

智能制造技术的引进，本身就会伴随着大量的无形资产以及其他创新项目的引入，同时智能制造技术还会促使企业进行研发以满足新的生产需求，即智能制造技术与企业自主创新之间有着一定的互补作用。因此，本章猜想，智能制造对于债务融资成本的影响在企业研发支出较小的企业中更加显著。为验证这一猜想，本章同样设置了交叉项 $Treat \times Post \times lnResearch$，最终表2-11的列（3）结果显示这一项的系数显著为正，即证实了笔者的猜想，也论证了智能制造技术的确与企业的自主创新具有一定的互补作用。

表2-11　异质性分析

| 变量名 | (1) DebtCost | (2) DebtCost | (3) DebtCost |
|---|---|---|---|
| $Treat \times Post$ | -0.663*** (0.201) | -0.541** (0.250) | -0.773** (0.381) |
| $Treat \times Post \times Owner$ | 0.096** (0.040) | | |
| $Treat \times Post \times lnAsset$ | | 0.114*** (0.041) | |
| $Treat \times Post \times lnResearch$ | | | 0.105*** (0.033) |

续表

| 变量名 | （1）<br>*DebtCost* | （2）<br>*DebtCost* | （3）<br>*DebtCost* |
|---|---|---|---|
| Controls | YES | YES | YES |
| Firm FE and Year FE | YES | YES | YES |
| Observations | 3696 | 3696 | 3696 |
| Adj. R-squared | 0.110 | 0.121 | 0.116 |

# 七、稳健性检验

本章在此通过检验滞后效应、更换债务融资成本的测算方法以及检验企业整体债务融资能力的方式进行了稳健性检验。

## （一）滞后效应

根据工业和信息化部的公告，《示范项目名单》公告日期分别为：2015年7月21日、2016年7月4日、2017年9月29日和2018年9月27日，均为当年的下半年，因此智能制造技术的应用对于债务融资成本的影响可能具有一定的时滞效应。为增强结论的可信性，本章在此考察了企业当期的智能制造技术对企业滞后一期债务融资成本的影响，结果如表2-12的列（1）所示，最终结果与主体结果一致。

表 2-12　稳健性检验

| 变量名 | （1）<br>$DebtCost_{t+1}$ | （2）<br>$DebtCost\_other$ | （3）<br>$Leverage$ |
|---|---|---|---|
| $Treat \times Post$ | $-0.471^{***}$<br>$(0.135)$ | $-0.382^{***}$<br>$(0.126)$ | $-0.917^{***}$<br>$(0.330)$ |
| Controls | YES | YES | YES |
| Firm FE and Year FE | YES | YES | YES |
| Observations | 3696 | 3696 | 3696 |
| Adj. R-squared | 0.112 | 0.119 | 0.107 |

### （二）更换债务融资成本测算方法

本章在此对于债务融资成本的测算中更换了计算方式，借鉴李广子和刘力（2009）、Minnis（2011）和魏志华等（2012）的研究方法，笔者使用当期财务费用来代替利息支出，使用期初期末平均总负债来代替期初期末平均有息负债，定义式如下：

$$DebtCost\_other_{i,t} = 2 \times FinancialExpense_{i,t} / (Liability_{t-1} + Liability_t) \qquad (2-3)$$

检验结果如表 2-12 的列（2）所示，最终结果与本章主体结果一致。

### （三）企业整体债务融资能力

企业的债务融资成本在一定程度上所反映的就是企业的债务融资能力，为证实本章结论的稳健性，笔者在此考察了智能制造技术对于企业整体债务融资能力的影响。笔者以企业的资产负债率（Leverage）作为企业债务融资能力的衡量指标，具体结果如表 2-12 的列（3）所示，最终笔者证明了智能制造技术的确可以显著提升企业的债务融资能力，这在一定程度上证实了本章结论的可靠性。

# 八、研究结论

2015 年在一定程度上可看作我国智能制造发展的元年，同年，工业和信息化部开始公告《智能制造试点示范项目名单》。近年来，世界各主要经济体以及我国都在加速布局智能制造领域的发展，力求使其成为经济发展的新引擎。作为新兴资本市场，债务性融资是我国企业最主要的融资手段，因此研究公司的债务融资能力便是有意义的话题，其中，有效控制融资成本尤为重要。基于公司债务融资成本的视角，本章通过构建 PSM－DID 模型探究智能制造技术的应用对于公司债务融资成本的影响。

本章选取 2015～2018 年中国《智能制造试点示范项目名单》为研究对象，以项目所属的沪深两市 A 股上市公司 2009～2022 年的观测值为样本，以纳入项目名单采用了智能制造的公司为实验组，并运用倾向得分匹配法为实验组匹配形成对照组，研究发现了智能制造技术可以通过减少企业的劳动力成本、提升企业的折旧摊销费用来改善企业的收益质量，以此在外部市场中释放企业偿债能力良好的信号，从而降低企业的债务融资成本。

异质性分析发现由于国有企业和资产规模较大的企业本身已经具有较强的融资能力，致使智能制造对于这部分企业发生作用的空间较小。而因为智能制造与企业创新具有一定的互补作用，所以智能制造对于创新能力较差的企业影响更为显著。本章的研究结论在考虑了公告之后效应、替换被解释变量测算方法并考察企业整体融资能力后，依然十分稳健。

本章的研究结论表明循序渐进推行智能制造技术，对于我国资本市场企业的债务融资环境具有重要的意义，尤其是对于民营企业、中小企业以及创新能力相对较差的企业，引进智能制造技术可以给其带来立竿见影的影响。未来，我国应从立法、财政补贴、税收减免等多方面入手，努力推动智能制造技术在资本市场中的运用。

# 第三章

# "制造强国" 下的资金导向

## ——年报文本分析研究[*]

    *   本章研究得到国家社会科学基金重大项目"劳动力流动视角下健全城乡融合机制研究"（项目批准号：21&ZD076）、清华大学自主科研计划资助项目"从企业获取新技术动因的视角研究新技术对企业劳动需求及表现的影响"（项目批准号：2021THZWJC14）的资助。

    本章作者：赵烁，中国社会科学院工业经济研究所助理研究员，清华大学应用经济学博士；陆瑶，清华大学经济管理学院教授，博士生导师。

先进机械技术大规模替代劳动力的同时，也极大地影响了资本市场的融资环境，其中智能制造技术是最典型的代表。本章以 2009~2022 年我国沪深 A 股上市公司为样本，运用对样本公司年报进行文本分析的方法构造了智能制造技术的衡量指数，实证研究了智能制造技术对公司债务融资成本的影响。研究发现，采用智能制造技术能够显著增强企业资产的可抵押性，并显著改善企业的信息环境，以此有效降低其自身的债务融资成本。异质性分析发现智能制造技术降低公司债务融资成本的作用在高劳动力密集行业、所受外部监管程度较低以及所处省份金融发展水平较差的企业中影响显著。

# 一、引言

自第一台手摇纺纱机"珍妮机"诞生以来，先进的机械技术就始终是推动社会生产力前进的重要驱动力。可以认为，每一次的先进机械技术革命都必然带来一轮社会生产的根本性变革。目前，智能制造技术就是新一轮先进机械技术革命的重中之重。"智能制造"是指"基于新一代信息通信技术与先进制造技术深度融合，贯穿于设计、生产、管理、服务等制造活动的各个环节，具有自感知、自学习、自决策、自执行、自适应等功能的新型生产方式"①。2022年，党的二十大报告对"智能制造"提出了清晰的目标，即要"建设现代化产业体系""推进新型工业化，加快建设制造强国""推进制造业高端化、智能化、绿色化发展"。由此可见，智能制造作为新一轮先进机械技术革命的核心技术必将对社会经济的各个方面产生重要影响，并成为经济高质量发展的新驱动力（舒亚琦，2019）。这些影响不会仅局限于实体经济，也会作用于资本市场。

资本市场的重要功能之一就是为社会提供融资保障。在我国，债务融资是企业最为主要的融资渠道（王运通和姜付秀，2017），因此其也是资本市场上最引人关注的热点问题。在债务融资过程中，债务融资成本不仅直接影响了企业的财务风险，还会间接影响股东投资收益率（姜付秀等，2016）。因此，本章将研究企业引入智能制造技术对其债务融资成本的影响。

本章以2009~2022年我国沪深A股上市公司为样本，通过对样本中上市

---

① 工业和信息化部，财政部. 智能制造发展规划（2016-2020年）［Z］. 2016.

公司年报与智能制造技术相关词频的文本分析，构建了"智能制造"衡量指标，并实证检验了智能制造对公司债务融资成本的影响。本章实证研究发现智能制造技术可以通过优化企业资产可抵押性、改善企业信息环境来显著降低其债务融资成本。具体而言，智能制造设备的引入可以增加企业可用于债务融资抵押的资产，降低债务违约风险，从而减少债务融资成本；再者，企业智能制造的应用还有利于降低企业融资时的信息不对称，从而降低融资者所被要求的风险补偿，进而减少债务融资成本。异质性分析发现，智能制造对于降低公司债务融资成本的影响在高劳动力密集行业中更加显著；同时，智能制造与外部监管有着互补作用，即其对于所受外部监管程度相对较低的企业产生了较为显著的影响；此外，其在所处省份金融发展水平较差的企业以及民营企业中有着更大的作用空间，因此产生了更加明显的影响。

本章有以下两点学术贡献：第一，以往人工智能领域的研究大部分集中在人工智能对劳动力的影响上（陈琳，2024；刘甲楠和邢春冰，2024），而其对资本市场融资行为的影响在以往文献中少有涉及，仅有的赵烁（2023）是以国家公布的《智能制造试点示范项目名单》为研究对象，标的样本相对狭窄，结论说服力相对有限。本章的研究在一定程度上丰富了人工智能对企业微观行为影响领域的研究，也拓展了先进机械技术对于债务融资成本研究的文献，具有一定的创新性。第二，本章参考赵烁（2023）的研究方法，通过文本分析的方法构造公司层面"智能制造"的衡量指标，在微观层面为每家公司赋予了"智能制造"的内涵，这在过往关于人工智能的研究领域同样是少有的，因为可以认为本章对于人工智能的测度具有较大的引领意义。本章后续安排如下：第二部分梳理了相关文献并借助经典文献引出了本章的研究假设；第三部分介绍了本章的数据来源、变量构造以及模型设计；第四部分呈现了本章的实证检验结果；第五部分论证了智能制造影响债务成本的具体渠道；第六部分针对本章主体回归结果按照劳动力密集度、外部监管程度和地区金融发展水平做出了异质性分析；第七部分为工具变量检验和其他稳健性检验；第八部分为本章的主要研究结论、政策启示以及研究展望。

# 二、文献综述与研究假设

本章在此系统梳理了以往文献有关人工智能所产生社会影响的研究以及企业债务融资成本影响因素的研究，并结合文献分析提出了本章的研究假设。

## （一）人工智能的社会影响

以往文献关于人工智能的研究主要集中在就业和劳动力收入两个方面。

在就业结构影响方面，Autor 等（2003）认为计算机化使市场的劳动力技能结构发生了转移，即人工对非常规高技能劳动力的需求显著增加。Korinek 和 Stiglitz（2021）则直接指出人工智能会加剧企业就业乃至全社会的不平等。王永钦和董雯（2020）研究发现人工智能技术的使用会对劳动力产生一定的替代效应，其中工业机器人的渗透率每增加1%，企业的劳动力需求会下降0.18%，并且其产生的"技术性失业"效应可能会远远高于其带来的普通技术进步效应。陈媛媛等（2022）研究发现工业机器人的应用显著降低了地区外来劳动力的迁入率，并且证明了这一负向影响主要来自低技能劳动者。

在收入结构影响方面，Acemoglu 和 Restrepo（2019）指出自动化无论是取代高技能还是低技能劳动力，都会压低相应的劳动力工资，同时通过连锁反应还会影响到其他工人的工资，但自动化技术又会产生积极的生产率效应来推高所有要素的价格；该研究还通过理论研究发现，低技能自动化会增加劳动力工资的不平等，但高技能自动化会减少劳动力工资的不平等。Acemo-glu 和 Restrepo（2020）首次使用了智能机器人数据来衡量人工智能的应用程度，该研究最终发现智能机器人的运用会显著提升社会的失业率，并降低人类劳动力工资，其中每千人劳动力增加一个机器人，会显著降低 0.42% 的劳动力工资。王永钦和董雯（2020）指出人工智能虽然造成了"就业极化"的现象，但是对企业的工资水平没有明显影响。闫雪凌等（2020）则以我国 2006～2017 年的制造业行业为样本，实证研究发现人工智能对工资水平的影响存在明显的时间和行业异质性。

**（二）企业债务融资成本的影响因素**

目前关于企业债务融资成本影响因素的研究已经较为充分，本章在此主要针对本章渠道分析中涉及的资产可抵押性和信息对称性做出阐述。

首先，早在 1988 年，Titman 和 Wessels 就指出了公司可以通过增加资产可抵押性来提高公司的负债水平，这一观点与后来的 Rajan 和 Zingales 的观点相一致。Almeida 和 Campello（2007）指出当企业面临融资约束时，资产抵押是一个有效提高其外部融资能力、降低债务融资成本的方式。Giambona 和 Schwienbacher（2008）、Firth 等（2011）均指出资产抵押作为一种外部保证机制，可以减少债务人的机会主义，确保债务人按照债权人的利益最大化来行动，从而可以减少金融摩擦来降低债务融资成本、增加公司获得信贷的机会。Benmelech 和 Bergman（2009）则论证了当企业资产的可抵押性降低时，债权人所感知的贷款资金的安全性就会降低，进而会提高贷款的监督成本，即公司的债务融资成本。在国内学者中,李青原和王红建(2013)指出资产的抵押可以减轻债务人违约对债权人造成的损失。钱雪松等(2019)则认为由于担保物权制度改革可以扩大担保财产的范围并完善担保物权设定程序,因此其可以起到有效缓解企业融资约束的作用。可以说在债务合同关系中,公司资产的可抵押性在一定程度上可以降低债务融资成本、缓解公司面临的融资约束,是获取债务融资的关键。

其次,当企业与外部投资的信息不对称增加时,根据 Jensen 和 Meckling 的代理理论,债权人对企业的监督成本会有所增加,会寻求更高的风险溢价来弥补其增加的投资风险,进而会增加企业的债务融资成本。当债权人猜测到公司经理人或其他大股东存在机会主义套利行为后,其对风险溢价补偿的要求会更高(Graham et al.,2008;Kabir et al.,2013;王运通和姜付秀,2017;林钟高和丁茂桓,2017)。以往研究(Biddle and Hilary,2006;Kim et al.,2013)发现会计信息透明度的增强会带来高质量的会计信息,以此使债权人主动降低借款方应当承担的利息成本,从而降低债务融资成本。而国内学者中,张先治和徐健(2021)也证明了企业信息不对称的降低可以通过有效降低企业交易利差和信贷利差来降低企业融资成本。可以说,企业信息不对称性的降低可以有效实现资本市场信贷资源的优化配置(Holthausen,2009;靳来群和林金忠,2015),并直接影响到企业债务契约的设定(Bharath et al.,2008)。因此,企业信息的对称性必然会对其债务融资成本产生重要的影响。

### (三)研究假设

根据上述文献,智能制造技术可能通过两个渠道对企业的债务融资成本产生影响。第一,先进智能机器设备在正常生产过程中发挥作用的同时还可以作为企业的固定资产用于企业借债过程的抵押。根据钱雪松(2008)、王红建和李茫茫（2013）关于抵押资产的研究，土地、厂房和机器设备等实物资产的可抵押性要高于应收账款和存货，更是远高于专利和商标等无形资产，因此智能制造技术的引入会极大地提升公司资产的可抵押性。而当公司资产的可抵押性增加时，债务人的机会主义行为会减少，债权人的权益也会增加一种事后保障机制，从而降低其对债务人所要求的风险补偿，进而降低公司的债务融资成本（Gan，2007；Benmelech and Bergman，2009；Firth et al.，2011）。

第二，智能制造技术在企业生产过程中的运用还可以极大地减少企业生产过程中的人为干预和操纵，即在一定程度上缓解代理问题（Jensen 和 Meckling 的观点）。如 Acemoglu 和 Restrepo（2019）所述，人工智能技术的应用会使企业的生产过程更加标准化、规范化和客观化，也会使相应产生的企业信息更加标准化和规范化。因此，智能制造技术的引进可以使所获得的企业生产数据更加真实有效，即降低了企业的信息不对称性。当企业的信息透明度增强时，企业的财务信息质量会得到提升，企业的债务融资成本会降低（Biddle and Hilary，2006；靳来群和林金忠，2015）。

基于以上分析，本章提出如下研究假设：

**H3：智能制造技术可以降低企业的债务融资成本。**

# 三、数据与模型

## （一）样本选择与数据来源

本章以 2009~2022 年我国沪深 A 股上市公司作为研究样本。以 2009 年为样本起始年的主要原因是为了规避 2008 年国际金融危机所带来的影响。依次剔除如下样本：①ST、*ST 和 PT 公司，此类公司属于非正常样本，按惯例剔除；②上市时长不满一年的公司，此类公司股价波动大，不具有研究价值；③金融类上市公司，此类公司的会计报告制度与其他公司不一致，按惯例剔除；④净资产为负的上市公司，此类公司处于非正常经营状态，应剔除；⑤相关财务数据缺失的公司样本。最终本章得到了涉及 3164 家公司的 24226 个观测值。本章上市公司相关特征和财务数据来自万得数据库（WIND），文本分析涉及年报数据来自中国证监会官网。本章采用 STATA 软件对数据进行了处理。

### （二）变量设定

#### 1. 智能制造技术

本章的核心解释变量为"智能制造"。智能制造技术是一个相对抽象的概念。为了尽可能准确地刻画出公司对智能制造技术的应用程度，且尽可能地广泛覆盖中国上市公司的整体水平，本章借鉴 Saunders 和 Tambe（2013）、张叶青等（2021）的分析思路，基于上市公司所披露的年报都是基于公司实际运营情况客观陈述的基本假设，提出了一种新的衡量方式：基于上市公司年报的文本信息，通过 Python 软件批量抓取与"智能制造"相关的关键词，再根据所有关键词在年报中出现的总次数来构造"智能制造"相关变量。

本章利用关键词在公司年报中出现的次数来度量公司智能制造技术的应用程度。按照第一章的研究方法部分关于"文本分析"法的陈述，确定了"智能制造"的相关关键词①并统计了其在上市公司年报中出现的次数。同

---

① "智能制造"相关关键词的选取如第一章表 1-1 所示，包括智能制造、智能机器、智能生产、机器人、全自动（化）和全机器（化）。以上关键词的选取综合参考了国际机器人联合会、Cockburn 等（2018）以及其他政府和业界文件对"智能制造"的定义和阐述。

时，如第一章所述，我们还参考张叶青等（2021）的方法对智能制造衡量指标的有效性进行了检验，最终证明测度方法合理有效。

本章对于核心解释变量"智能制造"（*Intelligence*）的具体定义为：上市公司年报中提及表 1-1 相关关键词的总次数，加 1 后取自然对数。在本章涉及 3164 家公司的 24226 个观测值中，包含"智能制造"相关关键词的涉及 701 家公司的 5975 个观测值，覆盖率达到了 24.66%。

2. 债务融资成本

本章借鉴于静霞（2011）、林钟高和丁茂桓（2017）以及涂国前和张家琪（2023）的测度方法，将被解释变量债务融资成本（*DebtCost*）定义为利息支出除以长短期负债平均余额。其中，利息支出为公司财务报表的明细科目"利息支出"，长短期负债平均余额等于长期负债、一年内到期的长期负债和短期负债的期初和期末平均额。

3. 控制变量

参考涂国前和张家琪（2023），本章使用了对数化后的公司总资产规模（ln*Asset*）来控制公司经营规模的影响，并使用公司资产负债率（*Leverage*）来控制公司杠杆率的影响；参考罗炜和朱春艳（2010），本章使用了公司实际控制人是否为政府构建的实际控制人性质（*SOE*）来控制公司性质的影响。此外，本章还使用公司成立自然年限加 1 取对数构建的公司成立年限（ln*Age*）来控制公司经营时长的影响；使用总资产标准化后的公司研发支出规模（*R&D/Sales*）来控制公司创新的影响。

此外，为了剔除利率期限结构变化可能对本章主体回归所带来的影响，本章还使用了长期负债占比（*Long_Debt/Total_Debt*）；同时，本章还使用公司所在省份当年的人均国内生产总值（*GDPPA*）和樊纲市场化指数（*MKT*）来控制地区经济发展水平和地区市场环境等宏观因素的影响。

本章主要变量的定义如表3-1所示。

表3-1 变量说明

| 变量性质 | 变量名称 | 符号 | 变量构造方式说明 |
|---|---|---|---|
| 被解释变量 | 债务融资成本 | *DebtCost* | 利息支出/长短期负债平均余额 |
| 解释变量 | 智能制造技术 | *Intelligence* | 公司年报中"智能制造"相关词语出现的总次数加1后,取自然对数 |
| 控制变量 | 公司经营规模 | ln*Asset* | 期末总资产(元),取自然对数 |
| | 公司杠杆率 | *Leverage* | 总负债/总资产 |
| | 公司性质 | *SOE* | 公司实际控制人为国有资本取1,否则为0 |
| | 公司年龄 | ln*Age* | 公司成立年限,加1取自然对数 |
| | 公司创新 | *R&D/Sales* | 研发支出/销售总收入 |
| | 公司负债结构 | *Long_Debt/ Total_Debt* | 长期负债/总负债 |
| | 人均GDP | *GDPPA* | 公司所在省份当年GDP(元)/总人数,取自然对数 |
| | 市场化指数 | *MKT* | 樊纲市场化总指数 |

## (三)描述性分析

本章主体回归各变量均进行了1%和99%的缩尾处理,数据的描述性统计如表3-2所示。

表3-2 样本全体描述性统计

| 变量名 | 均值 | 中位数 | 标准差 | 最小值 | 最大值 |
|---|---|---|---|---|---|
| *Intelligence* | 0.193 | 0.205 | 2.006 | 0.000 | 3.434 |
| *DebtCost* | 0.036 | 0.032 | 0.105 | 0.000 | 0.192 |

续表

| 变量名 | 均值 | 中位数 | 标准差 | 最小值 | 最大值 |
|---|---|---|---|---|---|
| lnAsset | 21.405 | 22.006 | 7.280 | 8.004 | 30.119 |
| Leverage | 0.406 | 0.411 | 0.230 | 0.081 | 0.903 |
| SOE | 0.240 | 0.000 | 0.516 | 0.000 | 1.000 |
| lnAge | 3.559 | 3.611 | 1.288 | 0.000 | 4.063 |
| R&D/Sales | 0.083 | 0.074 | 0.160 | 0.001 | 0.401 |
| Long_Debt/Total_Debt | 0.129 | 0.120 | 1.305 | 0.000 | 0.833 |
| GDPPA | 11.002 | 11.102 | 3.003 | 9.289 | 12.155 |
| MKT | 7.993 | 9.376 | 3.662 | −0.161 | 12.864 |

资料来源：根据 WIND 整理。

由表 3-2 可以看出，以"智能制造"相关词汇进行文本分析所得到的智能制造技术衡量指标分布在 0.000 和 3.434 之间，标准差更是远高于均值和中位数，结合本章样本中涉及"智能制造"关键词的观测值覆盖率为 24.66% 的事实，我们可以认为本章样本上市公司的智能制造水平高低差异非常大。被解释变量债务融资成本的均值和中位数分别为 0.036 和 0.032，这一结果也与林钟高和丁茂桓（2017）、涂国前和张家琪（2023）的统计结果基本一致。

## （四）模型设计

本章构建的回归模型如下：

$$DebtCost_{i,t} = \alpha_1 \times Intelligence_{i,t} + \beta \times Controls_{i,t} + c + \delta_i + \delta_t + \gamma_{i,t} \tag{3-1}$$

其中，$Controls$ 代表控制变量；$c$ 代表常数项；$\delta_i$ 代表公司固定效应和；$\delta_t$ 代表年份固定效应；$\gamma_{i,t}$ 代表误差项。本章在此使用公司聚类标准误解决异方差偏误。

# 四、主要实证回归结果

本章首先研究了公司使用智能制造技术对公司债务融资成本的影响。如变量构造部分所述，本章采用了文本分析的方法构建了"智能制造"衡量指标。所得检验结果如表3-3所示，Panel A 和 Panel B 分别汇报了无控制变量和全控制变量的回归结果。由表3-3可见，在全控制变量的情况下，智能制造技术与债务融资成本的相关性系数为-0.107，且在1%的显著性水平上显著，即每增加100%（或1个单位）的智能制造技术，可以显著降低相当于5.33%标准差量级的公司债务融资成本，即肯定了研究假设，证实了智能制造技术的确可以显著降低公司的债务融资成本。关于控制变量，我们可以看到公司经营规模与公司年龄分别在1%和5%显著水平上与债务融资成本负相关，即说明公司的稳定经营能力的确是外部债权人选取投资标的的重要参考。

表3-3　智能制造对债务融资成本的影响

| 变量名 | DebtCost | |
|---|---|---|
| | Panel A | Panel B |
| Intelligence | -0.110*** | -0.107*** |
| | (0.033) | (0.025) |
| lnAsset | | -0.102*** |
| | | (0.030) |
| Leverage | | 0.110 |
| | | (0.088) |

续表

| 变量名 | DebtCost | |
|---|---|---|
| | Panel A | Panel B |
| SOE | | −0.079*** |
| | | (0.023) |
| lnAge | | −0.065*** |
| | | (0.030) |
| R&D/Sales | | −0.173 |
| | | (0.125) |
| Long_Debt/Total_Debt | | 0.126 |
| | | (0.100) |
| GDPPA | | −0.055 |
| | | (0.049) |
| MKT | | −0.034** |
| | | (0.016) |
| Constant | | 0.897*** |
| | | (0.300) |
| Firm FE and Year FE | YES | YES |
| Observations | 24226 | 24226 |
| Adj. R-squared | 0.302 | 0.315 |

注：括号内为标准误，***、**、*分别表示在1%、5%、10%水平上显著，下同。

# 五、影响渠道分析

本章在此部分将从公司资产可抵押性和公司信息对称性两个角度进一步研究智能制造对公司债券融资成本影响的渠道，同时还会探究债务期限是否会影响本章的回归结果。

## （一）资产可抵押性

智能制造技术的引入在替代劳动力的同时，会为公司带来大量的先进机器设备，而这些设备在进行正常生产活动的同时均可以作为固定资产用于公司借贷过程中的担保抵押，因此智能制造必然会增加公司资产的可抵押性。为了验证这里的分析，本章在此实证检验了智能制造对公司资产可抵押性的影响。

如前文所述，钱雪松（2008）、王红建和李茫茫（2013）均证明了实物资产的可抵押性高于无形资产，而在实物资产中，土地、厂房和机器设备等固定资产的可抵押性要高于存货和应收账款。结合本章所研究对象——智能制造设备本身属于固定资产，借鉴艾健明和曾凯（2017）的构造方式，本章使用了公司总资产标准化处理后的企业房地产、工厂和设备（Ppe/Asset）对公司资产的可抵押性进行了衡量，数值越大则表明公司资产的可抵押性越高，相关数据来自 WIND 数据库。检验结果如表 3-4 的 Panel A 所示。最终结果表明，智能制造技术的确可以显著增加公司的可抵押资产。

表 3-4　渠道分析

| 变量名 | Panel A | Panel B | Panel C |
| --- | --- | --- | --- |
| | Ppe/Asset | ASY | Long_Debt/Total_Debt |
| Intelligence | 0.205*** | −0.047*** | 0.088 |
| | (0.053) | (0.018) | (0.070) |
| lnAsset | −0.097 | −0.083 | −0.166 |
| | (0.090) | (0.077) | (0.129) |
| Leverage | 0.092 | 0.015 | 0.041** |
| | (0.079) | (0.012) | (0.020) |
| SOE | −0.083 | 0.067 | −0.062 |
| | (0.070) | (0.055) | (0.057) |

续表

| 变量名 | Panel A | Panel B | Panel C |
| --- | --- | --- | --- |
| | Ppe/Asset | ASY | Long_Debt/Total_Debt |
| lnAge | 0.161 | 0.050 | 0.123 |
| | (0.140) | (0.044) | (0.099) |
| R&D/Sales | 0.124 | −0.041 | −0.090 |
| | (0.101) | (0.035) | (0.079) |
| Long_Debt/Total_Debt | −0.103** | 0.046** | — |
| | (0.050) | (0.019) | |
| GDPPA | 0.018*** | 0.030** | 0.031 |
| | (0.006) | (0.013) | (0.025) |
| MKT | 0.022** | 0.041* | 0.020* |
| | (0.010) | (0.024) | (0.011) |
| Constant | 1.550*** | 1.005*** | 0.893*** |
| | (0.296) | (0.205) | (0.225) |
| Firm FE and Year FE | YES | YES | YES |
| Observations | 24226 | 24226 | 24226 |
| Adj. R-squared | 0.325 | 0.287 | 0.254 |

## （二）公司信息对称性

如前文所述，智能制造技术可以减少企业生产过程中的人为干预，标准化企业生产（Acemoglu and Restrepo，2019）和企业信息，同时会增强企业生产总投入和总产出的敏感度，并减少薪酬和工作量不匹配的现象，进而减少信息不对称。以上两点因素都会提升企业的信息对称性。为了验证这里的分析，本章在此实证检验了智能制造对公司信息对称性的影响。

关于信息对称性的衡量，本章借鉴于蔚等（2012）、陈三可和赵蓓（2019）的做法，根据金融市场微观结构理论，利用公司个股交易资料来捕捉资产市场中公司价值信息的不对称程度，其潜在的逻辑是资本市场中的非知情交易者会通过要求用"柠檬溢价"补偿的方式来弥补自己由于信息不对称和逆向选择所导致的风险。信息对称性越差,"柠檬溢价"越高,股票流动性就越差。因此,我们参考 Amihud 等（1997）、Amihud（2002）以及 Pástor 和 Stambaugh（2003）的做法,在选取了公司个股日收益率（$r$）、流通市场加权后的市场收益率（$r_m$）、年度交易天数（$D$）和日成交量（$V$）后,测算了非流动性比率指标（$ILL$）、流动性比率指标相反数（$LR$）以及收益反转率指标（$GAM$）,三者的测算方式如下：

$$ILL_{i,t} = -\frac{1}{D_{i,t}} \sum_{k=1}^{D_{i,t}} \sqrt{\frac{|r_{i,t}(k)|}{V_{i,t}(k)}} \qquad (3-2)$$

$$LR_{i,t} = -\frac{1}{D_{i,t}} \sum_{k=1}^{D_{i,t}} \sqrt{\frac{V_{i,t}(k)}{|r_{i,t}(k)|}} \qquad (3-3)$$

$$GAM_{i,t} = |\gamma_{i,t}| \qquad (3-4)$$

其中,$i$ 表示企业,$t$ 表示年份,$k$ 表示交易日。式（3-4）中,$\gamma_{i,t}$ 由式（3-5）估计所得：

$$r_{i,t}^{\varepsilon}(k) = \theta_{i,t} + \varphi_{i,t} r_{i,t}(k-1) + \gamma_{i,t} V_{i,t}(k-1) sign[r_{i,t}^{\varepsilon}(k-1)] + \varepsilon_{i,t}(k) \qquad (3-5)$$

式（3-5）中,$r_{i,t}^{\varepsilon}(k) = r_{i,t}(k) - r_{m,t}(k)$,为超额收益率。在计算得到 $ILL$、$LR$ 和 $GAM$ 的基础上,我们借鉴 Bharath 等（2009）的做法,使用主成分分析法得到了三者的第一主成分[①],这一主成分就是三者与非对称信息相关的部分,即本章在此需要的 ASY 值。ASY 值越大,就表明股票流动性越低,即公司信息对称性越差。结果如表 3-4 的 Panel B 所示,智能制造可以在 1% 的水平上显著降低 ASY 值,即显著提升公司的信息对称性。

---

① 主成分分析结果显示,第一主成分特征值大于 1,且对应方差累计贡献率超过 75%,说明本章方法有效。

### （三）债务期限

通常情况下，长期债务的利率要高于短期债务，因此部分公司可能采取减少长期债务的持有，或是存在"借短还长"的方式降低债务融资成本。为了论证这一现象是否对本章的主体回归造成了影响，我们在表3-4的Panel C中检验了智能制造对长期债务占比的影响，最终回归结果并不显著，即本章所得到的智能制造可以显著降低公司债务融资成本的结论并没有受到公司债务结构变化的影响。

综上所述，可以认为，智能制造技术所带来的大量先进机器设备的引入的确可以显著提升企业的资产可抵押性以及信息对称性。而当公司的资产可抵押性和信息对称性均得到提升时，外部投资者会降低所要求的风险补偿，降低企业的借债门槛，即企业的债务融资成本会显著降低。

# 六、异质性分析

本部分将针对公司属性，包括公司所处行业的劳动力密集度、外部监管程度和公司所在地区的金融发展水平，对智能制造技术在不同性质公司中对债务融资成本的不同影响进行研究。

### （一）劳动力密集度

由于智能机器对企业最直接的影响是大规模地替代人力劳动力，而这一替代作用更有可能凸显在公司所在行业本身劳动力密集程度较高的企业中。

因此本章猜想,智能制造对公司债务融资成本的影响在劳动力密集型企业中可能更加明显。为了验证这一猜想,本部分按照证监会行业大类代码分类标准,以本章样本基期 2016 年的行业总就业人数(人)与 2016 年行业总销售收入(元)的比例作为行业劳动力密集程度(*Labor_Intensity*)的衡量指标,构建了交叉项 *Intelligence×Labor_Intensity*,并在表 3-5 的列(1)中进行了检验。采用样本基期数据的原因是为了避免劳动规模和行业规模本身变化所造成的干扰。最终发现这一交叉项显著为负,即证明智能制造技术的确在劳动力密集程度高的企业中对债务融资成本产生了更加显著的影响。

表 3-5 异质性分析

| 变量名 | (1) | (2) | (3) |
|---|---|---|---|
| | *DebtCost* | *DebtCost* | *DebtCost* |
| *Intelligence* | −0.301*** | −0.521*** | −0.382*** |
| | (0.100) | (0.188) | (0.125) |
| *Intelligence×Labor_Intensity* | −0.212*** | | |
| | (0.050) | | |
| *Intelligence×Monitoring* | | 0.083*** | |
| | | (0.030) | |
| *Intelligence×Finance* | | | 0.171*** |
| | | | (0.062) |
| Controls | YES | YES | YES |
| Firm FE and Year FE | YES | YES | YES |
| Observations | 24226 | 24226 | 24226 |
| Adj. R-squared | 0.253 | 0.214 | 0.260 |

## (二)外部监管程度

智能制造技术对人力劳动力的替代会减少企业生产过程中的人为干预,

从而使企业的生产过程更加标准化、规范化，这也就相当于增强了企业所受到的外部监管，即智能制造技术的引进对于企业有着增强外部监管的作用。因此，本章预测智能制造在本身所受外部监管相对较弱的企业中可能具有更大的发挥空间。为了验证这一猜想，本章在 WIND 数据库中获取了企业的跟踪分析师数量，加 1 取自然对数作为外部监管（*Monitoring*）的衡量指标。同时为了规避内生性干扰和结构性变动所带来的影响，本章使用了样本公司在本章样本中第一次出现年份的跟踪分析师数据作为该公司在全样本中的分析师数量。同样，本章构建了交叉项 *Intelligence×Monitoring*，最终结果如表 3-5 列（2）所示，该交叉项显著为正，即与本章的猜想一致，智能制造技术的确在外部监管程度相对较低企业中，对债务融资成本的影响更加明显，即智能制造技术的引进与外部监管具有一定的互补作用。

## （三）地区金融发展水平

在金融发展相对落后的省份，上市公司的现金流水平及可抵押资产可能与金融发达地区存在着较大差距，同时由于该地域资本市场本身的滞后发展，市场整体的信息环境也可能较不透明，从而使该地域资本市场的债务融资存在着较多瓶颈。在这种情况下，智能制造技术的引入对该地域所属公司现金流水平和可抵押资产以及公司与外部市场的信息对称性的提升和改善可能会更加行之有效，从而也会对该地域公司的债务融资成本产生更加明显的影响。为论证这一猜想，基于目前资本市场借贷大部分都已处于数字化转型阶段的事实，本章在此使用了省份层面的数字金融覆盖广度指数①作为地区金融发展水平的衡量指标，并使用了公司在样本中第一次出现时公司总部所在省份在这一年的数字金融覆盖广度指数（*Finance*）作为该公司在全样本中所处地

---

① 相关数据来自北京大学数字金融研究中心。

域金融发展水平的衡量指标，构建了交叉项 *Intelligence×Finance*，并在表3-5的列（3）中进行了检验，最终结果显示 *Intelligence×Finance* 与债务融资成本显著正相关，即在金融发展相对落后省份中，智能制造对债务融资成本产生了更显著的降低影响，这与本章的猜想相一致。

# 七、稳健性检验

## （一）工具变量——离沿海港口距离

在主回归中，本章以文本分析的方法构建了智能制造技术的衡量指标。然而，这个变量可能会存在内生性问题。首先，可能存在的不可观测因素会同时影响该变量和企业的债务融资成本，从而导致内生性问题。其次，企业的债务融资问题也可能会影响智能制造技术的引进，从而导致反向因果的内生性问题。因此，本章在此参考柏培文和张云（2021）的做法，选用了公司总部所在地级市的地理位置作为工具变量。该方法的基本思想是我国先进的智能设备和智能技术大部分依赖于进口，因此距离沿海港口越近的公司越有可能以相对较低的成本引进相关设备和技术，可见距离沿海港口的远近直接影响到了上市公司的智能制造水平。同时，沿海港口距离作为一个宏观地理特征变量并不会直接影响到我国上市公司的债务融资成本，因此这一变量的选取符合工具变量的排他性原则。

具体而言，我们首先通过谷歌地图，根据公司总部所在地级市和全国沿海港口的经纬度计算了各城市与港口的最近距离。但由于距离变量的截面数据，因此本章以我国资本市场年度涉及"智能制造"的上市公司存量①作为时间变量，与距离变量一起构建交乘项作为本章智能制造水平的工具变量。最终检验的结果如表3-6的 Panel A 所示，可以看见 2SLS 第一阶段的 F 值为1012.56，排除了弱工具变量问题；同时第一阶段的系数为0.744，在1%的显著性水平上显著，表明本章选用的工具变量和主回归的智能制造技术衡量指标存在着强相关性。2SLS 第二阶段的结果显著为负，即表明解决了内生性后，智能制造技术依然可以显著降低企业的债务融资成本。

表3-6　2SLS 检验

| Panel A | | | |
|---|---|---|---|
| 变量名 | 第一阶段<br>*Intelligence* | 变量名 | 第二阶段<br>*DebtCost* |
| *Intelligence$^{IV}$* | 0.744 *** <br>(0.025) | *Intelligence* | −0.322 *** <br>(0.093) |
| Controls | YES | Controls | YES |
| Firm FE and Year FE | YES | Firm FE and Year FE | YES |
| Observations | 24226 | Observations | 24226 |
| Adj. R-squared | 0.101 | Adj. R-squared | — |
| F 值 | 1012.56 | — | — |
| Prob>F | 0.000 | — | — |
| Panel B | | | |
| 变量名 | 第一阶段<br>*Intelligence* | 变量名 | 第二阶段<br>*DebtCost* |
| *Intelligence$^{IV}$* | 0.793 *** <br>(0.040) | *Intelligence* | −0.380 *** <br>(0.112) |
| Controls | YES | Controls | YES |

① 统计的方法即为本章文本分析方法下，资本市场每一年年报包含"智能制造"相关关键词的上市公司数量。

续表

| Panel B | | | |
|---|---|---|---|
| 变量名 | 第一阶段 *Intelligence* | 变量名 | 第二阶段 *DebtCost* |
| Firm FE and Year FE | YES | Firm FE and Year FE | YES |
| Observations | 24226 | Observations | 24226 |
| Adj. R-squared | 0.139 | Adj. R-squared | — |
| F 值 | 460.24 | — | — |
| Prob>F | 0.000 | — | — |

### （二）工具变量——文本分析日本上市公司"智能制造"水平

同样为了剔除内生性的影响，本章在此借鉴了 Acemoglu 和 Restrepo（2020）构造机器人工具变量的思想，参考赵烁等（2019）和赵烁（2023）的做法，使用日本的智能运用水平来作为本国某一行业智能化使用程度的工具变量。即通过对日本上市公司进行文本分析，计算出日本每家公司的年度"智能制造"词频数，将公司层面数据在 SIC-2 级行业代码下汇总取均值后得到行业层面数据，再按照 SIC-2 级行业代码将其匹配到中国资本市场。日本上市公司年报数据来自日本金融厅官网。[①]

这一方法旨在表明智能化工具变量与原智能化指数之间最突出的差异因素为先进的智能化技术，从而剔除其他技术因素所带来的内生性问题。由于地域较近，我国的先进机械技术有较大一部分都来源于日本，即我国资本市场公司层面对于智能化技术的使用会受到作为科学技术更先进国家——日本的影响，符合工具变量的相关性原则。但与此同时，日本行业层面的前沿智

---

① 日本金融厅官网，https：//www.fsa.go.jp/。

能化技术对于我国每个单独的企业来说均是外生的，因此不会直接影响我国上市公司的债务融资水平，这一做法是符合工具变量选择标准的。最终结果如表 3-6 的 Panel B 所示，在 2SLS 第一阶段排除了弱工具变量后，2SLS 第二阶段结果表明智能制造的确可以显著降低公司的债务融资成本。

## （三）更换"智能制造"测度

本章主回归中使用了公司年报每一年的"智能制造"关键词词频数，加 1 取自然对数作为"智能制造技术"的衡量指标。但现实中智能制造设备的使用具有一定的长期性，因此本章在此假设公司在使用某项智能技术或设备后，其未来会继续长期使用相关技术设备。在此假设前提下，我们在"智能制造"衡量指标原定义的基础上，添加了"若某一年公司年报出现的词频数量少于上一年，则本章以上一年的词频数量作为当年的衡量指标；若多于上一年，则以本年词频数量作为衡量指标"的条件，并以此重新构造了"智能制造"衡量指标进行检验。结果如表 3-7 的列（1）所示，结果与主回归结果保持一致。

表 3-7　稳健性检验

| 变量名 | （1）DebtCost | （2）DebtCost | （3）DebtCost |
|---|---|---|---|
| Intelligence | -0.522** (0.250) | -0.403** (0.192) | -0.577*** (0.205) |
| Controls | YES | YES | YES |
| Firm FE and Year FE | YES | YES | YES |
| Observations | 24226 | 21009 | 24226 |
| Adj. R-squared | 0.253 | 0.301 | 0.277 |

### （四）剔除股市震荡年份

2015 年，我国资本市场经历了 2008 年之后影响最为严重的股市震荡，其产生的经济影响也极有可能影响到本章的研究结论。为了剔除这一影响，本章在样本中删除了 2015 年的所有观测值重新进行了检验，结果参见表 3-7 中的列（2），最终结果依然证明智能制造可以显著降低资本市场公司的债务融资成本。

### （五）更换固定效应

本章在主体回归中固定了公司个体效应和时间效应，为论证研究结论的稳健性，本章在此将其更换为行业固定效应（SIC-2）和时间固定效应，结果如表 3-7 的列（3）所示，最终的结论依然表明我国上市公司采用智能制造技术可以显著降低其自身的债务融资成本。

# 八、研究结论、政策启示与研究展望

### （一）研究结论

本章以 2009~2022 年我国沪深 A 股上市公司为样本，通过文本分析方法构建了智能制造技术的衡量指标，论证了智能制造技术或先进机器设备被引进后，可以显著增加企业资产可抵押性并显著改善企业信息环境，从而降低企业的债务融资成本。

异质性分析发现，因为智能机器在劳动力密集行业中对劳动力的替代作用更加明显，所以智能制造对高劳动力密集行业所属企业的债务融资成本影响更加显著；同时因为智能制造与外部监管具有一定的互补作用，所以智能制造对于外部监管较弱的公司产生了更加显著的影响；因为金融发展较好省份的上市公司本身就具有较强的融资能力，所以智能制造在这部分省份上市公司中发挥作用的空间较小，对于这部分公司债务融资成本的影响也就没有金融发展水平相对较差省份的上市公司明显。本章研究结论在考虑了内生性影响、替换智能制造技术衡量指标、替换固定效应后，依然十分稳健。

（二）政策启示

结合研究结论，本章为政府和企业在未来循序渐进推进智能制造技术，以此为改善资本市场运行环境提供了一定的借鉴意义，具体如下：

第一，在企业管理层面，智能制造技术的引入不仅可以为企业生产带来规模经济效应，还可以通过增加企业的资产可抵押性和改善其自身信息环境来降低企业的债务融资成本，因此智能制造技术的引入对企业的长远发展十分有利，我国制造业企业应始终将智能化升级作为发展变革的方向。

第二，在债权人层面，考虑到智能制造技术的引入可以改善企业的信息环境，迫使企业披露更多的真实信息，因此未来债务资本在发放债券时对于大规模采用智能技术的上市公司可以给予更多的信任。

第三，在政府层面，智能制造技术的引入与外部监管具有互补作用，可以降低政府的监管压力，因此作为资本市场的引导者，政府应该积极采用税收减免、财政补贴等方式鼓励企业采用智能制造技术，尤其是对劳动力密集度高的行业和所处地区金融发展水平相对较低的企业，更应该多加扶持。

## （三）未来研究展望

未来，我们将继续聚焦新技术对于资本市场产生的影响，深度探讨云计算、区块链、机器学习等数字化系统的新兴技术在上市公司发展中的重要作用，以此为我国的资本市场发展建设提出可行的建议。

# 第四章

# "制造强国"下的价值创造

## ——基于《智能制造试点示范项目名单》的研究[*]

    [*]   本章的前期研究成果《人工智能对企业价值影响的研究——来自中国智能制造试点示范项目公告的证据》发表于《投资研究》2019 年第 9 期,本章为修订后的版本。

    本章作者:赵烁,中国社会科学院工业经济研究所助理研究员,清华大学应用经济学博士;陆瑶,清华大学经济管理学院教授,博士生导师;王含颖,清华大学经济管理学院经济与金融专业本科生;彭章,中央财经大学财政税务学院助理教授,清华大学应用经济学博士。

本章使用事件研究法，以 2015~2018 年中国《智能制造试点示范项目名单》中所属上市公司为样本，进行事件公告产生的累计超额收益率及其影响因素的实证研究，以此论证人工智能对于企业价值的影响。实证发现入选公告会为企业带来超额收益，且呈逐年上升的趋势。同时，市场对于大规模企业进行智能制造的反应优于小规模企业，对于非国有企业进行智能制造的反应优于国有企业，对高监管企业的反应优于低监管企业，对最低工资水平低的企业的反应优于最低工资水平高的企业。研究表明中国企业进行智能制造能够提高企业的超额收益，即人工智能技术可以提升企业价值。

# 一、引言

2015 年 5 月，国务院强调要落实政策推进生产过程智能化，并在此框架下于 2016 年提出了《智能制造发展规划（2016-2020 年）》，鼓励制造业企业使用智能化生产设备来代替人工生产。① 2016 年，在《"十三五"国家科技创新规划》和《中华人民共和国国民经济和社会发展第十三个五年规划纲要（草案）》中，人工智能同样被列为"科技创新 2030—重大项目"和"十三五"重大工程项目，这凸显了我国对发展智能技术的高度重视。从世界范围来看，人工智能的发展也已然成为一个新的潮流，人工智能技术目前也越发广泛地应用于各个领域。例如，美国的"国家制造创新网"、德国的"工业 4.0"、日本的"工业价值链"等战略计划纷纷涌现，世界各主要发达国家也纷纷采取各种各样的产业政策，推动人工智能技术在工业生产中的应用。由此可见，关于人工智能对于企业价值影响的研究，具有比较实用的研究价值。

人工智能是一种技术手段。从企业生产的角度来说，主要表现为依靠全自动化智能设备代替人力，从而有效地提高生产效率和良品率，并降低人工成本，改进生产的安全系数。人工智能技术虽然属于技术升级的一种，但与我们以往所说的广义技术升级却不尽相同。通常我们所说的广义的技术升级除了包含全自动化的人工智能技术之外，更多的是指半自动化，即需要人力

---

① 工业和信息化部赛迪研究院 . 2018 中国人工智能产业展望［Z］. 中华人民共和国工业和信息化部，2018.

在生产过程中进行辅助的技术升级。而且，以往绝大多数文献所研究的技术升级都是以半自动化技术的技术创新作为衡量指标（解维敏和唐清泉，2011；Patrick，2013；周云波等，2017），而本章所研究的人工智能技术升级既包含人工智能技术创新，也包含对先进技术设备的直接购买等。

通过人工智能技术，企业可以进行智能制造，即智能制造是人工智能技术所要达到的最终目标。因为我国的制造业正处在劳动力密集型向技术密集型转型的过程中，所以抓住智能制造的发展机遇对我国制造业的转型升级有着至关重要的作用。目前，我国关于人工智能技术的研究文献还十分匮乏，而国外涌现出的关于人工智能对企业影响的研究主要分为两个方面：一方面，运用人工智能来代替人力，会推动产业间的再分配和经济的增长，提高社会的生产力（Aghion et al.，2017）。同时，人工智能和大数据的结合运用能够帮助企业得出更好的管理决策和投资组合（Agrawal et al.，2017）。另一方面，人工智能由于使用智能设备代替了人力，削弱了劳动力在价值创造中的作用，导致会对劳动力带来巨大的冲击（Autor et al.，2017；Stiglitz and Korinek，2017）。此外，现有的巨头公司可能由于在人工智能上的优势而占据更强的垄断地位，对产业间的再分配和行业间的公平性将带来不利影响（Aghion et al.，2017）。同时，目前学术界关于人工智能对企业影响的研究多使用经济学的理论模型进行推演，缺少有力的实证研究现象作为支撑依据。

在上述研究的基础上，本章基于2015~2018年我国公布的《智能制造试点示范项目名单》，以该项目所属的132家沪深上市公司为样本[①]，使用事件研究法实证研究《智能制造试点示范项目名单》对智能制造类企业在四年示范名单公告节点的累计超额收益率的影响，以此来探讨人工智能技术对智能制造类企业价值所产生的影响，并对其影响因素进行实证分析。在控制了年

---

① 参见工业和信息化部公布的2015~2018年《智能制造试点示范项目名单》。

份和行业固定效应后，研究发现入选示范项目名单会为企业带来超额收益，且呈逐年上升的趋势，即企业进行智能制造能够为企业创造价值。通过对累计超额收益率算术平均值和流通市值加权平均值结果的对比，本章发现大规模企业进行智能制造对于企业价值的提升要优于小规模企业。通过进一步的超额收益影响因素分析，本章发现市场对非国有企业进行智能制造的反应优于国有企业，对高监管企业进行智能制造的反应优于低监管企业，对最低工资水平低的省份企业智能制造的反应优于最低工资水平高的省份企业。研究表明中国企业进行智能制造能够提高企业的超额收益，即人工智能技术可以提升企业价值。

本章的学术贡献主要体现在以下方面：

首先，以往的研究大多数为理论研究，缺乏能够较好地衡量人工智能发展的量化指标，而本章试图以实证研究的方法，对之前的学术空白进行补充。由于中国的智能制造行业相对于发达国家起步较晚，所以以往的文献研究绝大多数都是以国外的企业作为样本，研究中国智能制造企业的文献较少，本章也填补了这一部分的空白。

其次，以往的文献研究大多数是对广义的技术升级进行探讨，很少有文献具体研究全自动化的人工智能技术升级。而且，大多数文献是以广义技术升级中的技术创新为研究对象，而本章的研究既包含人工智能技术的技术创新，又包含对人工智能先进技术设备的直接购买等。

除此之外，本章进行的研究还具有重要的政策意义。由于本章选用的智能制造试点示范项目计划是我国在《智能制造发展规划（2016-2020年）》中提出的政策，是服务于中国制造相关战略的一项重要的产业政策，因此本章关于企业智能制造会给企业创造价值带来的发现有助于政府更加有的放矢地推动这一计划的进一步进行和开放。此外，本章对于智能制造对企业价值影响因素的研究，也有助于国家后续更加科学地制定示范项目入选企业的评判标准，更好地选择合适的企业，更加有效地发挥国家各项政策和财政支持的作用。

基于上述的研究思路，本章的结构安排如下：第二部分为文献研究、研究事件与研究假设；第三部分为样本、数据及实证方法；第四部分为累计超额收益率及其影响因素的实证检验结果；第五部分为延伸性分析；第六部分为结论、政策意义及未来展望。

# 二、文献综述、研究事件与研究假设

## （一）文献综述

在过往文献中，国际学界关于人工智能或技术升级对企业的影响存在很大的争论。

### 1. 人工智能正向促进企业价值

Leontief（1952）指出，新技术设备的使用，会替代越来越多的工人。也就是说，人工智能技术的发展可以替代大量的低技能劳动力，降低企业的人力成本。同时，人工智能技术可以使企业生产过程更加规范化、标准化，从而提高企业的生产效率（Acemoglu and Restrepo，2018），这些均有助于人工智能提高企业价值。因此，国内外许多学者对人工智能对企业价值的影响均持有正面态度。

宏观角度上，Aghion等（2017）发现如果人工智能能够代替人类不断产生新的创意，就可能使经济呈现出指数式的增长，因为人工智能会导致不同产业间的再分配，由此导致的正向的知识外溢效应（knowledge diffusion effect）会推动新技术的迅速扩张，进而提高行业生产力。我们将研究对象推广到广义的技术升级来看，目前较多的国外经典文献均论证了技术升级可以提升企业价值（Aw et al., 2007；Aw et al., 2008；Doraszelski and Jaumandreu，2013；Altomonte et al., 2016）。而据工业和信息化部相关研究部门的研究报告指出，2018年中国的人工智能与实体经济产生了加速融合的积极反应，保守估计为中国的实体经济带来超过1000亿元人民币的年增长。

微观角度上，Heaton等（2017）认为，人工智能带来的深度学习模型会为企业的金融投资管理和风险管理解决更多的问题，进而在大数据时代下帮助企业更好地发现数据间的联系，从而建立更好的投资组合。Agrawal等（2017）则发现人工智能可以帮助企业改进对技术的预测，进而改善企业的决策表现。Cockburn等（2018）则认为，人工智能会对创新产生影响，智能化的发展重点已经逐渐转化为深度学习（deep learning），并表现为快速增长的企业专利数量，而这种深度学习的转型会对企业的组织和管理策略产生深远影响。与Aghion等（2017）关于知识外溢效应的研究结论相类似，国内学者如苑泽明和张美琪（2018）认为人工智能会为企业带来无形资产，具体体现在企业的创新能力、市场竞争力以及可持续发展能力等指标上。

2. 人工智能负向抑制企业价值

但也有学者认为，人工智能的发展事实上对企业产生了负面的影响。宏观角度上，Aghion等（2017）指出，人工智能的发展可能加速已存在的产品和技术的模仿，导致创新激励的减少；而垄断平台的企业由于可能存在的数据壁垒的原因以及本身在人工智能技术上的优势，可以占据更强的垄断地位，从而不利于产业间的再分配以及行业间的公平性；同时，人工智能所导致的产业间的再分配，除带来正向的知识外溢效应外，还存在反向的商业窃取效应（business-stealing effect），表现为新的模式和技术很容易地被竞争对手迅速窃取。此外，技术升级对某一行业或某一区域的企业可能很难产生积极的影响效应。例如，Adner 和 Euchner（2016）以计算机行业为研究样本，实证研究发现因为计算机行业技术升级成本的回收难度较大，所以与企业价值并未形成正面影响。Bae 等（2008）以美国制造业跨国公司为样本，发现技术创新和升级对企业价值的影响具有滞后性，即两者在技术升级的初期呈现负相关，在下一期才开始呈现正相关。同时，人工智能在部分工业中的应用也存在显著的数据壁垒，在技术和数据的分享上存在较大的阻力，完成全领域的智能化生产尚有很大难度。而对于我国而言，因为我国企业的人工智能发展仍然存在缺乏品牌优势、资产增长率有待提高等现象，所以人工智能的发展尚不能为人工智能板块的上市公司带来高于全国平均营收利润的超额收益。

微观角度上，Goldin 和 Katz（2010）的研究指出技术发展所导致的资本取代劳动力的现象，并不就意味着生产力的大幅提高，同时劳动力在价值创造中的作用下降，加剧了劳动力的不平等。关于人工智能对劳动力的巨大冲击，Stiglitz 和 Korinek（2017）指出人工智能技术在改进生产的同时，又会对劳动力密集型的制造业造成巨大的冲击。而 Autor 等（2017）所做的类似的研究也发现，人工智能的自动化发展可能对劳动力带来巨大的打击，同时美国对于工人再培训等更有效的教育制度不够重视，从而使人工智能对劳动力带来了较大的伤害。

3. 人工智能与企业价值关系不明确

此外，还有一部分文献认为技术升级，包括人工智能技术与企业价值的关系并不是单向关系，而是"U"形变化的。例如，Choi 和 Williams（2014）以 2001~2005 年 186 家中国上市公司的数据为样本，实证研究发现技术升级强度会提升企业价值，技术升级深度与企业价值呈"U"形关系，技术升级多样性与企业价值呈倒"U"形关系。李冬琴等（2013）将我国制造业根据 Pavitt 创新产业分类法分成四类，实证检验得到四类行业的技术升级与产出绩效之间的关系均呈倒"U"形曲线，其中相较于专业化供应商和以科学为基础的行业，规模密集型和供应商主导型行业的倒"U"形弧度较大，即技术升级强度相对较小时就能到达产出绩效的正效应峰值。

### （二）事件背景

本章选用工业和信息化部关于公布 2015~2018 年《智能制造试点示范项目名单》的通告作为研究事件。智能制造试点示范项目计划是中华人民共和国工业和信息化部基于国家政策和《智能制造发展规划（2016-2020 年）》的要求所推出的政策，旨在筛选出在智能制造方面走在行业前列的企业，并帮助这一部分企业在未来更好地发展智能制造，为其余企业发展智能制造作出表率，提高我国工业制造的智能化水平，创造更多的经济效益，促进我国工业的转型升级。从 2015 年到 2018 年，共计 307 个项目入选（2015 年 46 个，2016 年 64 个，2017 年 98 个，2018 年 99 个）。①

入选企业需要符合以下条件：第一，项目实施单位应在中华人民共和国境内注册，具有独立法人资格，运营和财务状况良好；第二，项目技术上处于国内领先或国际先进水平，项目中使用的关键技术装备、软件需安全可控；第三，项目须符合当年相应模式的具体要求，包括离散型智能制造、流程型智能制造、网络协同制造、大规模个性化定制、远程运维服务等几大模式；第四，项目须已投入运营，并且在降低运营成本、缩短产品研制周期、提高生产效率、降低产品不良品率、提高能源利用率等方面已取得显著成效，并持续提升，具有良好的增长性。

---

① 本章研究样本项目数据来源于拟入选名单公示时统计。

对于入选的企业，工业和信息化部和财政部共同为其提供大力支持，包括加大财税支持力度，进行财政补贴、所得税及进口税减免等；创新金融扶持方式，搭建政银企合作平台方便企业融资；深化国际合作交流，帮助入选企业引进国外的先进技术和优秀人才等。

由于这一项目是由工业和信息化部主导、财政部支持的重点项目，具有较强的权威性，同时入选项目的所属公司大部分为上市企业（含美股和港股共 204 家，占比 67%），因此本章选用这一事件来研究智能制造对企业价值的影响，具有较强的代表性。

### （三）研究假设

张同斌和高铁梅（2012）的研究指出，国家为企业提供财政和税收政策上的激励，会对高新技术增加值起到一定的刺激作用，财政政策奖励企业研发和税收政策带来的相对成本下降，都会对企业的内部生产和整体的产业结构产生影响。Aghion 等（2017）的研究也发现企业运用智能技术会为企业带来正向影响。因为入选企业本身能够获得国家的财税支持用于自身的智能制造升级，所以入选消息的公布可能被市场视为利好消息。在此基础上，本章对于所研究的累计超额收益率作出研究假设 H4-1，若计算得出的累计超额收益率显著为正，则研究假设 H4-1 成立。

**H4-1：入选《智能制造试点示范项目名单》所产生的公告效应将对企业价值产生正向促进作用。**

通常情况下，相较于小规模企业，大规模企业往往具有更雄厚的经济基础和更有利的技术条件，其本身在资金和技术基础上的优势更有利于其采用更先进的人工智能技术提高生产效率，并有可能进一步拉大与小规模企业之间的差距。因此，入选《智能制造试点示范项目名单》可能会对大规模企业产生更明显的正向效应，即市场对大规模企业进行智能制造的反应可能更好，智能制造可以更明显地提高大规模的企业价值。因此，本章借此提出如下研究假设：

**H4-2：市场对于大规模企业进行智能制造的反应优于小规模企业。**

在我国，国有企业和民营企业之间的差别较为突出。黄桂（2010）的研究指出，我国的国有企业相对于非国有企业，存在过度投资的问题，同时在企业转型的过程中更不易于获取员工自发的积极参与和组织支持，并且要为此投入更多的成本。王世权（2011）的案例研究也发现，国有企业大规模的人员精简会导致员工的强烈反对，从而对企业想要进行的转型目标带来很大的挑战。鉴于我国国有企业比非国有企业担负着更加重大的社会责任，也受到更多的组织和规章上的限制，因此，入选《智能制造试点示范项目名单》可能会对非国有企业产生更明显的正向效应，即市场对于非国有企业进行智能制造的反应可能更好，智能制造可以更明显地提高非国有企业的企业价值。因此，本章借此提出如下研究假设：

**H4-3：市场对于非国有企业进行智能制造的反应优于国有企业。**

企业所受到的外部监管越强烈，企业对外公开的信息就会越真实，相应的会计造假行为也会受到更明显的抑制，管理层行为也会越发规范化和合理化。也就是说，企业所受到的外部监管越强烈，可能越有利于公告对企业价值产生正向的影响效应，即市场对于高监管企业进行智能制造的反应可能更好，智能制造可以更明显地提高高监管企业的企业价值。因此，本章借此提出如下研究假设：

**H4-4：市场对于高监管企业进行智能制造的反应优于低监管企业。**

此外，因为最低工资水平较高省份的上市公司人员精简所需要付出的工资成本较大，所以在企业进行智能化转型时，该类企业所受到的机构改革和重组的阻力会更大。同时，工资水平较高本身也不利于企业价值的提升。因此，相较于最低工资水平较低省份的上市公司，该类企业在入选公告后的超额收益可能较小。即市场对于最低工资水平较低省份上市公司进行智能制造的反应可能会更好，智能制造可以更明显地提高最低工资水平较低企业的企业价值。因此，本章借此提出如下研究假设：

**H4-5：市场对于最低工资水平较低企业进行智能制造的反应优于最低工资水平较高企业。**

# 三、样本、数据及实证方法

## （一）样本选择

本章选择 2015~2018 年《智能制造试点示范项目名单》所属的沪深 A 股上市公司作为样本。在 2015~2018 年入选的 307 个项目中，共有 204 个项目的所属公司为上市公司（2015 年 31 个，2016 年 51 个，2017 年 67 个，2018 年为 55 个）。在剔除掉不在沪深股市上市、事件窗口期和估计窗口期无连续交易行情数据、上市时间过短、其他数据缺失的公司之后，最终得到的样本为 132 家公司（2015 年 21 家，2016 年 36 家，2017 年 42 家，2018 年 33 家），如表 4-1 所示。

表 4-1 入选公司年度统计

| 年份 | 剔除前<br>样本数量（个） | 占比（%） | 年份 | 剔除后<br>样本数量（个） | 占比（%） |
|---|---|---|---|---|---|
| 2015 | 31 | 15.20 | 2015 | 21 | 15.91 |

续表

| 年份 | 剔除前<br>样本数量（个） | 占比（％） | 年份 | 剔除后<br>样本数量（个） | 占比（％） |
|---|---|---|---|---|---|
| 2016 | 51 | 25.00 | 2016 | 36 | 27.27 |
| 2017 | 67 | 32.84 | 2017 | 42 | 31.82 |
| 2018 | 55 | 26.96 | 2018 | 33 | 25.00 |
| 总计 | 204 | 100.00 | 总计 | 132 | 100.00 |

在 132 家公司的样本中，本章根据样本的不同属性进行样本分类统计，有助于就累计超额收益及其影响因素的实证分析得出一个较为宏观的初步判断。通过样本分类统计可以得到如表 4-2 所示的结果。

表 4-2　入选公司样本分类统计

| 序号 | 类别 | 样本数量（个） | 占比（％） |
|---|---|---|---|
| 组 1：公司板块分类统计（全样本） | | | |
| 1-1 | 沪市主板 | 66 | 50.00 |
| 1-2 | 深市主板 | 29 | 21.97 |
| 1-3 | 中小板 | 29 | 21.97 |
| 1-4 | 创业板 | 8 | 6.06 |
| | 合计 | 132 | 100 |
| 组 2：公司性质分类统计（全样本） | | | |
| 2-1 | 国有 | 64 | 48.48 |
| 2-2 | 非国有 | 68 | 51.52 |
| | 合计 | 132 | 100 |
| 组 3：公司行业分类统计（全样本） | | | |
| 3-1 | 制造业（C） | 119 | 90.15 |
| 3-2 | 非制造业 | 13 | 9.85 |
| | 合计 | 132 | 100 |

（1）公司板块分类统计：在 132 家样本公司中，超过 70%的公司都是在

·87·

主板上市的公司。主板上市的要求在沪深股市中最为严苛，因此该结果在一定程度上反映出入选公司的公司规模和营业水平在同类公司中均处于领先地位。

（2）公司性质分类统计：在132家样本公司中，根据国泰安数据库（CSMAR）对企业性质的定义，本章将编号为"1100"（国有企业）、"2100"（国有机构）、"2120"（省、地区级政府）的三类公司定义为"国有"，其余定义为"非国有"。在该分类条件下，国有企业和非国有企业占比差距不大，都在50%左右，说明国家在遴选示范项目公司时，不会对企业性质有过度偏好，但企业的性质可能会对超额收益有所影响。

（3）公司行业分类统计：由于本章研究的是"智能制造试点示范项目"，根据中国证监会对上市公司的行业分类标准，132家样本公司中超过九成为制造业公司（C类），但也存在13家非制造业的公司，包括一些信息服务类公司和从事冶炼、油气矿石开采的公司。

**（二）数据来源**

本章数据主要来源于国泰安数据库（CSMAR）和锐思数据库（RES-SET）。其中，样本公司的股票交易数据来自锐思数据库，包括每只股票在窗口期和估计期的日收盘价、沪深300指数、上证指数等数据；公司性质虚拟变量（SOE）来自国泰安数据库；各省份平均最低工资来自人力资源社会保障部网站；樊纲指数来自历年《中国分省份市场化指数报告》；其余变量数据来自锐思数据库。

**（三）研究方法：事件研究法**

在以往的文献中，关于某一事件公告对资本市场产生的影响，事件研究法是一种常用的方法。张新（2003）关于并购重组是否创造价值的研究、何诚颖和李翔（2007）关于股权分置改革及其市场反应的实证研究、周宏（2004）关于上海证券市场年报公布的事件研究、乔海曙和龙靓（2010）关于我国资本市场对 SRI 反映的研究都运用了事件研究模型进行分析。

通常情况下，事件研究法分为以下几个步骤：确定事件公告的时间节点、确定事件的窗口期和估计期、计算累计超额收益率（Cumulative Abnormal Return，CAR）以及分析累计超额收益的影响因素。

1. 确定事件公告的时间节点

本章选择 2015~2018 年中华人民共和国工业和信息化部官网对当年拟入选《智能制造试点示范项目名单》进行公示的当天作为公告的时间节点。根据工业和信息化部官网的信息，四年的公示日分别为 2015 年 7 月 2 日、2016 年 6 月 17 日、2017 年 9 月 14 日、2018 年 7 月 31 日，在此基础上，本章确定了事件的发生日期。

2. 确定事件的窗口期和估计期

在计算累计超额收益率之前，首先要确定事件的窗口期和估计期。在本章的研究中，选取公告日（2015.07.02，2016.06.17，2017.09.14，2018.07.31）前后 2 天（［-2，2］，共计 5 天）和前后 3 天（［-3，3］，共计 7 天）作为主要研究的窗口期①，选取公告日前后 1 天（［-1，1］，共计 3 天）和前后 5 天（［-5，5］，共计 11 天）作为辅助检验的窗口期②，选择事件发生前 256 天（2014.10.19，2015.10.05，2017.01.01，2017.11.17）作为估计期。

---

① 5 天制主要研究窗口期为 2015.06.30~2015.07.04，2016.06.15~2016.06.19，2017.09.12~2017.09.16，2018.07.29~2018.08.02；7 天制主要研究窗口期为 2015.06.29~2015.07.05，2016.06.14~2016.06.20，2017.09.11~2017.09.17，2018.07.28~2018.08.03。

② 3 天制辅助检验窗口期为 2015.07.01~2015.07.03，2016.06.16~2016.06.18，2017.09.13~2017.09.15，2018.07.30~2018.08.01；11 天制辅助检验窗口期为 2015.06.27~2015.07.07，2016.06.12~2016.06.22，2017.09.09~2017.09.19，2018.07.26~2018.08.05。

3. 计算累计超额收益率

如果资本市场是有效的，那么企业超额收益所反映的就是某一事件发生后，企业未来无限期现金流，或者未来无限期价值提升的折现值。因此，超额收益可以作为企业价值的衡量指标。而且，使用超额收益还可以排除市场大盘所带来的影响。

本章分别计算样本公司的股票在窗口期内每个交易日基于市场风险与收益模型的正常收益预测值，以及该股票在窗口期内每个交易日的超额收益，以此计算出公司每个交易日的超额收益与正常收益预测值的差额。在计算得到日超额收益的基础上，求出窗口期的累计超额收益率。本章还计算得出样本公司累计超额收益率的均值，并通过对算术平均值和市值加权平均值的比较，赋予公司不同的权重来考察公司规模对超额收益可能产生的影响。

4. 分析累计超额收益的影响因素

在得出分年子样本公司在窗口期的累计超额收益率后，本章通过构建OLS回归模型，控制年份和公司行业固定效应，并对可能的影响因素进行回归分析，借此讨论累计超额收益率与各解释变量间的关系。同时，本章还依据累计超额收益算术平均值和流通市值加权平均值所得结果的不同来分析企业规模的影响，并根据企业性质、外部监管和最低工资水平对全样本进行了异质性分析，以此论证累计超额收益的其他影响因素。

## （四）被解释变量：累计超额收益率（CAR）

本章通过分析事件在窗口期的累计超额收益率（CAR）来检验市场对于该事件的反应。从理论上来说，在不存在超额收益的假设下，企业的股票收益应该等于通过市场风险与收益模型所作出的预测值。如果入选的单个企业或一组企业在窗口期的收益不等于这一预测值,则这一事件的公告会给企业带来超额收益。而在窗口期中每一天超额收益的总和,则构成了窗口期的累计超额收益。

累计超额收益率的正负和大小有助于判断市场对于该事件的反应是正向或负向,以及反应的程度如何。在本章的累计超额收益分析中,首先要对超额收益的计算作出界定。

1. 变量

本章采用事件研究模型来研究样本公司股票的超额收益。在样本容量为 N 的一组样本中,首先界定以下变量和需要计算的基本指标:

(1)时间 $t$:代表观察日。其中示范项目名单公示日为 $t=0$,而 $t=\pm 1$、$t=\pm 2$、$t=\pm 3$、$t=\pm 5$ 分别表示公告日前后共计 3 天、5 天、7 天、11 天的窗口期。

(2)样本容量 $N$:可供进行累计超额收益的计算与分析的样本为 132 个。

(3)公司编号 $i$:表示第 $i$ 家公司,$i=1,2,3,\cdots,132$。

2. 需要计算的基本指标

(1)样本公司股票日收益率。

$$R_{it}=\frac{p_{it}-p_{i,t-1}}{p_{i,t-1}} \tag{4-1}$$

其中,$i$ 为公司编号($i=1,2,\cdots,132$);$t$ 为观察日($t=-256,\cdots,-3,-2,-1,0,1,2,3,\cdots,256$);$R_{it}$ 为第 $i$ 家样本公司的股票在观察日为 $t$ 的日收益率;$P_{it}$ 为第 $i$ 家样本公司的股票在观察日为 $t$ 的收盘价格。

(2)沪深 300 指数日收益率。

在计算超额收益率时,除了样本公司的股票日收益率外,还需要计算同期的大盘指数。本章选择沪深 300 指数来计算同期大盘指数的日收益率。

$$I_t = (i_t - i_{t-1}) / i_{t-1} \tag{4-2}$$

其中，$i$ 代表公司编号（$i = 1$，$2$，$\cdots$，$99$）；$t$ 代表观察日（$t = -256$，$\cdots$，$-3$，$-2$，$-1$，$0$，$1$，$2$，$3$，$\cdots$，$256$）。

（3）超额收益率的计算模型。

在事件研究法中，对超额收益的分析还需要分别计算样本公司的股票在窗口期内每个交易日基于市场风险与收益模型的正常收益预测值。本章主要采用资本资产定价模型（CAPM）来计算累计平均超额收益率（$CAR_t$）。如果 $CAR_t$ 为正则说明市场对该事件有正向反应，反之则表明市场对该事件的态度并不乐观。而如果在 $t > 0$ 的时间内 $CAR_t$ 持续增加，则说明超额收益在持续增加，反之则表明市场在事件公告后做出了修正，处于股价回落的调整阶段。

根据资本资产定价模型，首先在事件公告日前后两个估计期对样本公司股票的日收益率 $R_{it}$ 和同期沪深 300 指数日收益率 $I_t$ 作一元线性回归，得到CAPM 模型的回归估计参数：

$$R_{it} = \alpha_i + \beta_i I_t + \xi_{it} \quad t = -256, \ -255, \ \cdots, \ -1, \ 0 \tag{4-3}$$

$$R_{it} = \alpha'_i + \beta'_i I_t + \xi_{it} \quad t = 1, \ 2, \ \cdots, \ 255, \ 256 \tag{4-4}$$

在得到回归估计参数后，用估计参数计算样本公司股票的正常收益预测值（$ER_{it}$）。

$$ER_{it} = \alpha_i + \beta_i I_t \quad t = -256, \ -255, \ \cdots, \ -1, \ 0 \tag{4-5}$$

$$ER_{it} = \alpha'_i + \beta'_i I_t \quad t = 1, \ 2, \ \cdots, \ 255, \ 256 \tag{4-6}$$

在获得每一样本公司股票的正常收益预测值（$ER_{it}$）后，计算样本公司股票实际日收益率（$R_{it}$）和正常收益（$ER_{it}$）的差值，即为非正常收益率（$AR_{it}$）：

$$AR_{it} = R_{it} - ER_{it} \tag{4-7}$$

加总非正常收益率（$AR_{it}$）得到累计超额收益率（$CAR_{i,t}$）：

$$CAR_{i,\ t} = \sum_{t=0}^{T} AAR_{it} \qquad (4-8)$$

其中，$i$ 代表公司编号（$i = 1, 2, \cdots, 99$）；$t$ 代表观察日（$t = -256, \cdots,$ $-3, -2, -1, 0, 1, 2, 3, \cdots, 256$）；$CAR_{i,t}$ 代表样本公司 $i$ 在 $t$ 观察日的累计超额收益率。

## （五）解释变量

本章控制了年份（$year$）固定效应和公司行业（$industry\_dummy$）固定效应，并将选取的自变量分为四个类型：

### 1. 公司规模及财务指标

公司规模及财务指标包括：资产总值对数（$ln\_ttass$）、杠杆率（$lev$）、固定资产比率（$fixassrate$）、销售额年增长率（$revgrowth$）。其中，公司财务指标用来衡量一个公司的经营状况，包括公司的资产状况、负债状况和业务发展状况。为了减少数据在量级上的波动，本章对公司的资产总值做自然对数化处理。

### 2. 公司性质指标

主要包括是否为国有企业的虚拟变量（$SOE$）和对数化的公司成立年限（$ln\_age$）。公司性质是本章重点关注的一个影响因素，而公司成立年限能够在一定程度上反映一个公司的生存能力。

### 3. 劳动力指标

衡量公司劳动力的指标为对数化的公司员工总数（$ln\_empnum$）、公司的生产人员比例（$pdperc$）、对数化的公司所属省份的平均最低工资（$ln\_minwage$）。其中，对数化的员工总数被用来作为衡量公司规模和能力的一个指标，生产人员比例和对数化的公司所属省份的平均最低工资被用来衡量公司为进行智能化转型而用机器代替人工劳动力而进行人员精简的难易程度。

4. 樊纲指数

本章引用 2014 年的樊纲指数对公司注册地所属省份的市场化指数总体评分（*fg_market*）、政府与市场关系的评分（*fg_govmkt*），来衡量地区差异对样本公司累计超额收益产生的影响。

本章所有变量都进行了 Winsor2 缩尾处理，具体的变量名称、单位及变量定义如表 4-3 所示。

表 4-3　变量定义

| 类型 | 变量 | 单位 | 变量定义 |
| --- | --- | --- | --- |
| 公司规模及财务指标 | *lev* | % | 资产负债率（总负债/总资产） |
| | *fixassrate* | % | 固定资产比率（固定资产/总资产） |
| | ln_*ttass* | 人民币（元） | 资产总值对数（以 2010 年为基准进行通货膨胀校正） |
| | *revgrowth* | % | 收入年增长率 |
| 公司性质指标 | *SOE* | | 公司性质虚拟变量，参照 CSMAR 公司性质分类，国有（国有企业/国有机构/省、地区级政府）= 1，非国有（民营企业/港澳台资企业/自然人）= 0 |
| | ln_*age* | 年 | 公司成立年限加 1 取对数 |
| 劳动力指标 | ln_*empnum* | 人 | 公司员工总数取对数 |
| | *pdperc* | % | 生产人员比例（生产人员/员工总数） |
| | ln_*minwage* | 人民币（元） | 所属省份年平均最低工资取对数 |
| 樊纲指数 | *fg_market* | | 樊纲指数 2014——市场化指数总体评分 |
| | *fg_govmkt* | | 樊纲指数 2014——政府与市场关系评分 |
| 固定效应 | *year* | | 2015 年、2016 年、2017 年和 2018 年 |
| | *industry_dummy* | | 公司行业虚拟变量，参照证监会行业分类，制造业（C 类）= 1，非制造业 = 0 |

对变量进行的描述性统计如表 4-4 所示。

### 表4-4 变量描述统计（全样本）

| 自变量 | mean | median | stdev | max | min |
|---|---|---|---|---|---|
| SOE | 0.493 | 0.000 | 0.513 | 1.000 | 0.000 |
| ln_age | 2.869 | 2.833 | 2.886 | 3.555 | 0.000 |
| lev | 42.335 | 48.662 | 28.997 | 90.669 | 5.336 |
| revgrowth | 10.617 | 9.843 | 17.446 | 120.338 | −32.113 |
| fixassrate | 64.658 | 30.118 | 97.334 | 100.000 | 1.561 |
| ln_ttass | 24.006 | 24.253 | 2.055 | 29.887 | 19.976 |
| fg_market | 7.887 | 6.969 | 3.996 | 10.766 | 4.076 |
| fg_govmkt | 6.899 | 7.308 | 3.551 | 10.840 | 2.230 |
| ln_empnum | 9.200 | 9.179 | 6.773 | 13.442 | 4.983 |
| pdperc | 46.882 | 48.339 | 25.662 | 98.543 | 0.000 |
| ln_minwage | 7.515 | 7.378 | 0.251 | 7.791 | 7.131 |

由表4-4可知，杠杆率（lev）的均值为42.335，最大值和最小值分别为90.669和5.336，即全样本中这一变量具有较大的差异。资产总值对数（ln_ttass）的均值为24.006，这说明本章所采用的入选《智能制造试点示范项目名单》的样本公司普遍规模较大。

## （六）回归模型

在确认被解释变量（CAR）和解释变量后，本章首先运用OLS多元回归模型来探索样本公司超额收益率的影响因素。模型构建如下：

$$CAR_{it} = \beta_0 + \beta_1 SOE_{it} + \beta_2 \ln\_age_{it} + \beta_3 lev_{it} + \beta_4 fixassrate_{it} + \beta_5 \ln\_ttass_{it} + \beta_6 revgrowth_{it} +$$

$$\beta_7 \ln\_empnum_{it} + \beta_8 pdperc_{it} + \beta_9 \ln\_minwage_{it} + \beta_{10} fg\_market_{it} + \beta_{11} fg\_$$

$$govmkt_{it} + \upsilon_i + \upsilon_t + \xi_{it} \tag{4-9}$$

上述模型中，$i$和$t$表示公司和年份，$\upsilon_i$和$\upsilon_t$表示公司所属行业的固定效应和年份固定效应。被解释变量为特定样本公司在某一年某个窗口期通过CAPM模型计算得出的累计超额收益率（CAR）。

# 四、实证检验结果

## （一）累计超额收益率基本结果

### 1. 计算方法

参考王菲菲等（2018），本章采用的累计超额收益率（CAR）计算方法如下：

（1）模型：CAPM 模型。

（2）窗口期：分为 [-1, 1]（3 天）、[-2, 2]（5 天）、[-3, 3]（7 天）、[-5, 5]（11 天）四个不同的窗口期。

（3）样本：使用 N = 132 全样本，考虑到市场反应可能随时间的推移而发生改变，因此在全样本的基础上构建了 2015~2018 年四年的分年子样本，其中 2015 年 21 个，2016 年 36 个，2017 年 42 个，2018 年 33 个。

### 2. 结果

本章在此分别采用样本容量算术平均和公司流通市值的加权平均来计算累计超额收益均值，计算得出的 N = 132 的全样本和 2015~2018 年的分年样本结果如表 4-5 所示。

表 4-5　CAR 分析（CAPM 模型）

| 年份 | 窗口期 | [-1, 1] | [-2, 2] | [-3, 3] | [-5, 5] |
|---|---|---|---|---|---|
| 全样本 | CAR（算术平均） | -0.024*** | -0.021** | -0.022* | -0.022 |
| | T-test | -2.997 | -1.990 | -1.723 | -1.250 |
| | CAR（市值加权平均） | 0.004*** | 0.003** | 0.005* | 0.007 |
| | T-test | 2.771 | 2.005 | 1.886 | 1.239 |

续表

| 年份 | 窗口期 | [-1, 1] | [-2, 2] | [-3, 3] | [-5, 5] |
|---|---|---|---|---|---|
| 2015 | CAR（算术平均） | -0.101*** | -0.122*** | -0.204*** | -0.221*** |
| | T-test | -4.366 | -3.287 | -4.119 | -3.756 |
| | CAR（市值加权平均） | 0.021 | 0.280 | 0.482* | 0.497* |
| | T-test | 1.456 | 1.185 | 1.822 | 1.914 |
| 2016 | CAR（算术平均） | 0.007 | 0.009 | 0.009 | 0.019** |
| | T-test | 1.190 | 1.322 | 1.313 | 2.460 |
| | CAR（市值加权平均） | 0.071 | 0.185 | 0.170 | 0.186** |
| | T-test | 1.069 | 1.185 | 1.065 | 2.028 |
| 2017 | CAR（算术平均） | 0.004 | 0.008 | 0.033*** | 0.040*** |
| | T-test | 0.895 | 1.420 | 4.066 | 4.177 |
| | CAR（市值加权平均） | 0.003 | 0.143 | 0.217*** | 0.128*** |
| | T-test | 0.769 | 1.128 | 3.296 | 3.158 |
| 2018 | CAR（算术平均） | 0.011 | 0.018* | 0.044*** | 0.071*** |
| | T-test | 1.127 | 1.993 | 2.671 | 2.860 |
| | CAR（市值加权平均） | 0.006 | 0.200** | 0.286*** | 0.305*** |
| | T-test | 0.993 | 2.130 | 2.910 | 3.119 |

注：***、**、*分别表示在1%、5%、10%水平上显著，下同。

全样本：从算术平均值来看，全样本在4个窗口期的算术平均累计超额收益率均为负值，其中3天、5天、7天三个窗口期的CAR显著为负，总体可能受到2015年样本负CAR的影响较大，从而导致全样本的算术平均累计超额收益率为负值；而从市值加权平均的角度来看，132个样本公司的平均累计超额收益率均为正值，且在3天、5天、7天三个窗口期统计显著，说明从整体来看，市场对于大公司进行智能化制造的反应要优于小公司。

从表4-5中可以看出，2015~2018年分年样本的累计超额收益率存在一定区别：

（1）2015年单年样本：2015年四个窗口期的算术平均累计超额收益率均在1%水平上显著为负，说明在智能制造试点示范项目计划开始执行的第

·97·

一年，市场对这一计划并没有正向的反应。同时，在 2015 年样本中，采用市值加权平均得到的累计超额收益率均呈现正数，且在 7 天和 11 天两个窗口期显著为正。这说明在赋予大公司更多的权重时，样本公司的平均累计超额收益有所上升，市场对于大公司进行智能化转型的反应优于公司。

（2）2016 年单年样本：2016 年样本在四个窗口期的算术平均累计超额收益率均为正数，其中 11 天的窗口期显著为正，说明和 2015 年相比，市场开始对这一示范计划出现正向反应，但可能因为项目公示本身存在信息提前泄露和市场反应滞后等因素，所以统计上的显著性仅反映在较长的窗口期。与算术平均值相比，2016 年样本公司累计超额收益市值加权平均值在四个窗口期的系数均大于算术平均值的系数，说明市场对大公司进行智能化制造的反应仍然优于小公司。

（3）2017 年单年样本：2017 年的 42 个样本公司在四个窗口期的算术平均累计超额收益率均为正数，其中 7 天和 11 天两个窗口期显著为正，且大于 2016 年的数值，说明市场对企业入选该《智能制造试点示范项目名单》的反应更加正向。同时，2017 年样本公司的市值加权平均累计超额收益在 5 天、7 天、11 天三个窗口期的系数大于算术平均值的系数，充分反映出市场对大公司智能化制造的反应优于小公司。

（4）2018 年单年样本：2018 年的样本在四个窗口期的算术平均累计超额收益率均为正数，且在 5 天、7 天和 11 天三个窗口期显著为正，收益率数值也大于 2016 年和 2017 年，说明 2018 年的确是目前本章样本中《智能制造试点示范项目名单》正向反馈最积极的样本。从市值加权平均累计超额收益率上看，5 天、7 天、11 天三个窗口期的显著性和系数大小均要优于算术平均值，这也进一步印证了市场对于大规模企业智能制造的市场反馈的确更好。

总体而言，就 2015～2018 年我国《智能制造试点示范项目名单》公示这一事件来看，研究结果说明企业的智能制造的确会为企业创造价值，这与研究假设 H4-1 相一致。而随着市场对人工智能和这一计划认识的逐渐深入，市场对于企业入选的反应呈现出逐年变好的趋势，而且市场对于规模较大的公司进行智能制造的反应优于规模较小的公司，这也与我们的研究假设 H4-2 相一致。

### （二）累计超额收益率的影响因素

1. 年份分组分析——2015~2018 年分年样本 CAR 影响因素分析

由表 4-5 可见，就 2015~2018 年我国《智能制造试点示范项目名单》公告这一事件来看，市场对于企业入选该项目的反应呈现出由负面到正面的逐年变好的趋势，这一累计超额收益表现上的差异，可能由不同因素所导致，因此本章进一步对四年单年子样本（2015 年 21 个，2016 年 36 个，2017 年 42 个，2018 年 33 个）进行回归分析，考虑到滞后效应和信息提前泄露的影响，主要使用样本公司 5 天和 7 天两个窗口期的累计超额收益率作为被解释变量进行回归分析。回归结果如表 4-6 所示。

**表 4-6 分年子样本：不同年份 CAR 的影响因素**

| 被解释变量：不同窗口期的 CAR | | | | | | | | |
|---|---|---|---|---|---|---|---|---|
| 窗口期 | 2015 年样本 | | 2016 年样本 | | 2017 年样本 | | 2018 年样本 | |
| | （1） | （2） | （3） | （4） | （5） | （6） | （7） | （8） |
| | [-2, 2] | [-3, 3] | [-2, 2] | [-3, 3] | [-2, 2] | [-3, 3] | [-2, 2] | [-3, 3] |
| *SOE* | -0.180** | -0.179** | 0.028 | 0.027 | 0.007 | 0.010 | 0.021 | 0.019 |
| | (0.063) | (0.069) | (0.016) | (0.015) | (0.015) | (0.021) | (0.017) | (0.016) |
| *ln_age* | 0.107 | 0.249 | -0.000 | 0.006 | 0.045* | 0.062* | 0.040 | 0.054 |
| | (0.203) | (0.167) | (0.025) | (0.027) | (0.026) | (0.032) | (0.033) | (0.047) |
| *fg_market* | -0.006 | 0.005 | -0.006 | -0.009 | 0.011 | 0.018* | 0.020** | 0.031** |
| | (0.041) | (0.049) | (0.024) | (0.022) | (0.009) | (0.009) | (0.011) | (0.015) |

续表

| | 被解释变量：不同窗口期的 CAR | | | | | | | |
| 窗口期 | 2015 年样本 | | 2016 年样本 | | 2017 年样本 | | 2018 年样本 | |
| | （1） | （2） | （3） | （4） | （5） | （6） | （7） | （8） |
| | [−2, 2] | [−3, 3] | [−2, 2] | [−3, 3] | [−2, 2] | [−3, 3] | [−2, 2] | [−3, 3] |
|---|---|---|---|---|---|---|---|---|
| $fg\_govmkt$ | −0.008 | −0.000 | −0.001 | −0.006 | −0.013 | −0.020** | −0.018 | −0.027 |
| | (0.044) | (0.053) | (0.021) | (0.019) | (0.008) | (0.009) | (0.014) | (0.025) |
| $lev$ | −0.577 | −0.956** | 0.013 | 0.007 | −0.018 | −0.048 | −0.050 | −0.061 |
| | (0.332) | (0.308) | (0.062) | (0.058) | (0.048) | (0.063) | (0.048) | (0.056) |
| $revgrowth$ | 0.228 | 0.447* | 0.072** | 0.115*** | 0.048** | 0.070** | 0.080*** | 0.073*** |
| | (0.174) | (0.218) | (0.030) | (0.033) | (0.022) | (0.032) | (0.021) | (0.020) |
| $fixassrate$ | 0.027 | 0.047 | −0.016 | 0.014 | −0.054 | −0.110** | −0.081 | −0.094 |
| | (0.044) | (0.042) | (0.045) | (0.052) | (0.040) | (0.052) | (0.067) | (0.090) |
| $\ln\_ttass$ | 0.126*** | 0.186*** | −0.037*** | −0.043*** | −0.010 | −0.014 | −0.029 | −0.044 |
| | (0.036) | (0.041) | (0.012) | (0.011) | (0.011) | (0.013) | (0.021) | (0.042) |
| $\ln\_empnum$ | −0.039 | −0.065 | 0.034*** | 0.040*** | 0.004 | 0.002 | 0.017 | 0.030 |
| | (0.036) | (0.051) | (0.011) | (0.011) | (0.012) | (0.014) | (0.014) | (0.025) |
| $pdperc$ | −0.124 | 0.103 | −0.002 | 0.018 | −0.032 | −0.033 | −0.038 | −0.029 |
| | (0.208) | (0.166) | (0.023) | (0.020) | (0.027) | (0.032) | (0.030) | (0.023) |
| $\ln\_minwage$ | −0.319 | −0.350 | −0.040 | 0.072 | −0.143* | −0.164* | −0.105** | −0.144*** |
| | (0.385) | (0.431) | (0.125) | (0.138) | (0.074) | (0.093) | (0.051) | (0.031) |
| Constant | −0.352 | −1.942 | 0.952 | 0.232 | 1.158** | 1.410** | 0.717** | 1.015*** |
| | (2.582) | (3.043) | (0.823) | (0.940) | (0.507) | (0.615) | (0.300) | (0.287) |
| Industry FE | YES | YES | YES | YES | YES | YES | YES | YES |
| Observations | 21 | 21 | 36 | 36 | 42 | 42 | 33 | 33 |
| Adj. R-squared | 0.247 | 0.568 | 0.373 | 0.258 | 0.220 | 0.324 | 0.280 | 0.294 |

注：括号中为稳健标准误，下同。

从回归结果中可以看出，2015~2018 年四年的不同样本，在 5 天和 7 天两个窗口期累计超额收益率的影响因素有所区别。

（1）2015年单年样本：第一，企业性质（SOE）和样本公司在窗口期的累计超额收益率呈现负相关，说明与非国有企业相比，市场更加不看好国有企业进行智能化制造。可能的原因在于国有企业由于受到更多的制度限制和背负着更多的社会责任，在进行智能化转型时，在人员精简上比非国有企业会存在更多的困难，因此在短时间内，智能化可能会为国有企业增加更多的成本，而影响到投资者对企业的业绩预期。

第二，杠杆率（lev）在窗口期为7天时对累计超额收益率有负向影响且在5%水平上显著，说明负债越多的公司，入选这一计划所获得的超额收益越少。可能的原因在于企业进行智能化转型时，由于大量更换设备可能增加企业的负债，从而增加公司的经营风险，当风险的增加无法与收益增加的预期相匹配时，市场对该事件的反应就会受到负面影响。

第三，资产总值对数（ln_ttass）在窗口期为5天和7天时与累计超额收益率在1%水平上呈正相关，说明资产规模越大的公司能够获得较高的超额收益，即市场对于大公司进行智能化制造的反应要优于小公司，这也与前文累计超额收益率算术平均值和流通市值加权平均值的对比分析相一致。

（2）2016年单年样本：伴随着市场对企业入选《智能制造试点示范项目名单》的态度有所转变，以及2016年入选公司的变化，累计超额收益率的影响因素也发生了一定的变化。

第一，公司收入增长率（revgrowth）在5天和7天两个窗口期均对累计超额收益率有正向影响，且分别在5%和1%水平上显著，说明收入增长率越高的公司能够获得越高的累计超额收益。较高的收入增长率可能让市场对公司的经营能力有较好的反应，因而对超额收益产生了正向影响。

第二，公司员工总数对数（ln_empnum）在两个窗口期均对累计超额收益率有正向影响，且在1%水平上显著，说明一个公司的员工总数越多，入选项目带来的超额收益越高。可能的原因是公司可以雇用的员工数量本身反映了一个公司的规模与实力，规模越大、实力越强的公司在进行智能化转型时越被市场所看好。

（3）2017年单年样本：与2016年的子样本类似，2017年子样本中，公司收入增长率（*revgrowth*）在5天和7天两个窗口期均对累计超额收益率有正向影响，且在5%水平上显著，说明收入增长率越高的公司能够获得越高的累计超额收益。

此外，在2017年样本中，公司所在省份的平均最低工资对数（ln_*minwage*）对累计超额收益有负向影响，说明处在工资水平越高的地区，企业入选项目能够获得的超额收益就越小。因为工资水平较高的省份，在短时间内无法大量进行人员精简的情况下，进行智能化制造会给企业带来更多的成本，同时工资水平较高本身也不利于企业价值的提升，进而影响了市场对于入选企业进行智能制造的反应。

（4）2018年单年样本：与2015～2017年的样本不同，2018年的樊纲市场化指数总体评分（*fg_market*）在5天和7天两个窗口期对累计超额收益率均有正向影响，说明市场化程度越高，企业越可能获得较高的累计超额收益。

与2017年单年样本相似，公司收入增长率（*revgrowth*）与累计超额收益率呈正相关，平均最低工资对数（ln_*minwage*）与累计超额收益率负相关，说明本章之前得到的收入增长率越高、工资水平越低越有利于企业获得超额收益的结论的确十分稳健。

2. 公司性质

在前文的样本分类中，我们发现入选项目所属的132个企业样本中国有企业和非国有企业各占50%左右，说明智能制造试点示范项目并不对企业的所有制性质做特殊要求，但经验研究的结果显示，公司性质（SOE）这一变量会对企业的累计超额收益产生一定的影响，因此本章进一步地将全样本分成"国有"和"非国有"两组进行进一步的分析。

首先，对于国有企业和非国有企业在事件窗口期的累计超额收益率进行计算和比较，与前文全样本的累计超额收益分析相一致，本章在此仍然使用CAPM模型估计样本公司在 [-1, 1]（3天）、[-2, 2]（5天）、[-3, 3]（7天）、[-5, 5]（11天）四个不同窗口期的算术平均累计超额收益率作为研究对象，并检验国有企业和非国有企业累计超额收益率的差额。计算结果如表4-7所示。

表4-7 全样本：国有企业和非国有企业 CAR 比较

| 窗口期 | 国有企业 CAR | 非国有企业 CAR | 国有企业 CAR-非国有企业 CAR | T-test |
|---|---|---|---|---|
| [-1, 1] | -0.027 | -0.006 | -0.021*** | -6.113 |
| [-2, 2] | -0.030 | 0.005 | -0.035** | -2.541 |
| [-3, 3] | -0.042 | 0.003 | -0.045** | -2.567 |
| [-5, 5] | -0.046 | 0.012 | -0.058* | -1.923 |

由表4-7可见，在四个窗口期，非国有企业的平均累计超额收益率均显著高于国有企业，且系数差异均为显著。即市场对于国有企业和非国有企业入选《智能制造试点示范项目名单》的反应存在着区别，对于非国有企业的反应总体上要好于国有企业，这与本章的研究假设 H4-3 相一致。因此，我们可以认为企业性质会对超额收益产生影响。由于国有企业自身制度上的局限性，使其在进行人员精简等组织结构调整和应对市场变化时都不够灵活。

3. 分析师关注度

在这一部分，参考陈婧等（2018），本章选取分析师关注度作为分组变量来衡量外部监管对公司累计超额收益率算术平均值的影响，并以分析师关注度的中位数为界限，将全样本分为高分析师关注度和低分析师关注度两组来进行检验。

由表4-8可见，在四个窗口期，高分析师关注度企业的平均累计超额收益率均显著高于低分析师关注度企业，说明外部监管会对超额收益产生正向影响。企业所受到的外部监管越强，对外所披露的信息就会越真实有效，企业的违规造假行为也会受到抑制，而企业高管在高监管下也会更优先采取可以有利于企业发展的决策。因此，市场对于高监管企业进行的智能制造确实做出了优于低监管企业的反应，这与我们的研究假设H4-4相一致。

表4-8　全样本：高分析师关注度和低分析师关注度 CAR 比较

| 窗口期 | 高分析师关注度（1） | 低分析师关注度（2） | （1）CAR－（2）CAR | T-test |
|---|---|---|---|---|
| [-1, 1] | 0.050 | 0.012 | 0.038** | 2.513 |
| [-2, 2] | 0.059 | 0.017 | 0.042** | 2.525 |
| [-3, 3] | 0.055 | 0.027 | 0.028** | 2.507 |
| [-5, 5] | 0.080 | 0.045 | 0.035* | 1.916 |

4. 最低工资水平

在这一部分，本章选取公司总部所在省份的最低工资水平作为分组变量来衡量当地工资水平对公司累计超额收益算术平均值的影响，并以各省份最低工资的中位数为界限，将全样本分为最低工资较高和最低工资较低两组来进行检验。

由表4-9可见，在四个窗口期，最低工资较高企业的平均累计超额收益率均显著低于最低工资较低的企业，说明最低工资水平会减少企业的超额收益。企业所在省份的最低工资水平越高，就意味着企业进行智能化改造进行人员精简时所要付出的成本越大。同时，工资水平较高本身也不利于企业价值的提升。因此，最低工资水平会对累计超额收益产生显著的负向影响，即市场对于最低工资水平较低上市公司进行智能制造的反应会更好，这与我们的研究假设 H4-5 相一致。

表 4-9 全样本：最低工资较高和最低工资较低 CAR 比较

| 窗口期 | 最低工资较高（1） | 最低工资较低（2） | （1）CAR-（2）CAR | T-test |
|---|---|---|---|---|
| [-1, 1] | -0.039 | -0.007 | -0.032*** | 5.015 |
| [-2, 2] | -0.040 | 0.000 | -0.040*** | 4.883 |
| [-3, 3] | -0.070 | 0.010 | -0.080** | 2.563 |
| [-5, 5] | -0.074 | 0.014 | -0.088** | 2.533 |

## （三）稳健性检验

### 1. 更换窗口期

首先，本章运用事件的另外两个窗口期，即 3 天和 11 天样本公司的累计超额收益率作为被解释变量进行回归分析，检验模型的稳健性。结果如表 4-10 所示。

表 4-10 更换窗口期的稳健性检验

| 窗口期 | 2015 年样本 | | 2016 年样本 | | 2017 年样本 | | 2018 年样本 | |
|---|---|---|---|---|---|---|---|---|
| | （1）[-1, 1] | （2）[-5, 5] | （1）[-1, 1] | （2）[-5, 5] | （1）[-1, 1] | （2）[-5, 5] | （1）[-1, 1] | （2）[-5, 5] |
| SOE | -0.084** (0.031) | -0.203* (0.098) | 0.021 (0.015) | 0.034 (0.023) | -0.009 (0.008) | 0.002 (0.020) | 0.014 (0.012) | 0.017 (0.012) |

续表

| 窗口期 | 2015 年样本 | | 2016 年样本 | | 2017 年样本 | | 2018 年样本 | |
|---|---|---|---|---|---|---|---|---|
| | (1) | (2) | (1) | (2) | (1) | (2) | (1) | (2) |
| | [-1, 1] | [-5, 5] | [-1, 1] | [-5, 5] | [-1, 1] | [-5, 5] | [-1, 1] | [-5, 5] |
| ln_age | -0.034 | 0.220 | -0.007 | 0.016 | 0.048** | 0.075** | 0.061 | 0.074 |
| | (0.119) | (0.226) | (0.020) | (0.032) | (0.020) | (0.036) | (0.039) | (0.068) |
| fg_market | 0.002 | 0.034 | -0.013 | 0.001 | 0.001 | 0.016 | 0.091** | 0.120*** |
| | (0.022) | (0.062) | (0.020) | (0.022) | (0.006) | (0.012) | (0.046) | (0.041) |
| fg_govmkt | -0.020 | -0.046 | 0.004 | -0.011 | 0.003 | -0.015 | -0.036 | -0.041 |
| | (0.022) | (0.061) | (0.016) | (0.017) | (0.006) | (0.011) | (0.032) | (0.033) |
| lev | -0.293 | -1.325*** | -0.028 | 0.047 | -0.034 | -0.034 | -0.112 | -0.101 |
| | (0.189) | (0.333) | (0.055) | (0.076) | (0.029) | (0.081) | (0.097) | (0.088) |
| revgrowth | 0.144 | 0.398 | 0.041 | 0.105* | 0.017 | 0.044 | 0.097** | 0.121*** |
| | (0.102) | (0.273) | (0.029) | (0.053) | (0.021) | (0.034) | (0.040) | (0.031) |
| fixassrate | 0.004 | 0.034 | -0.000 | -0.029 | -0.033 | -0.112 | -0.071 | -0.085 |
| | (0.027) | (0.053) | (0.041) | (0.063) | (0.033) | (0.067) | (0.063) | (0.080) |
| ln_ttass | 0.082*** | 0.231*** | 0.019 | 0.048** | -0.002 | -0.022 | -0.033 | -0.057 |
| | (0.020) | (0.055) | (0.012) | (0.019) | (0.008) | (0.017) | (0.030) | (0.050) |
| ln_empnum | -0.011 | -0.093 | 0.022** | 0.042** | 0.007 | 0.005 | 0.026 | 0.030 |
| | (0.021) | (0.063) | (0.010) | (0.018) | (0.007) | (0.018) | (0.022) | (0.028) |
| pdperc | -0.209 | 0.252 | -0.009 | -0.004 | -0.011 | -0.056 | -0.041 | -0.055 |
| | (0.139) | (0.193) | (0.024) | (0.034) | (0.025) | (0.040) | (0.025) | (0.037) |
| ln_minwage | -0.043 | -0.253 | 0.008 | 0.024 | -0.160** | -0.117 | -0.081*** | -0.070** |
| | (0.283) | (0.560) | (0.119) | (0.180) | (0.058) | (0.126) | (0.025) | (0.033) |
| Constant | -1.177 | -3.180 | 0.318 | 0.626 | 1.050** | 1.220 | 1.112*** | 0.911*** |
| | (1.869) | (3.882) | (0.732) | (1.186) | (0.394) | (0.959) | (0.388) | (0.250) |
| Industry FE | YES | YES | YES | YES | YES | YES | YES | YES |
| Observations | 21 | 21 | 36 | 36 | 42 | 42 | 33 | 33 |
| Adj. R-squared | 0.150 | 0.190 | 0.112 | 0.154 | 0.142 | 0.127 | 0.163 | 0.182 |

（1）2015 年单年样本：更换窗口期后的回归结果与原窗口期的结果类

似，公司性质（*SOE*）和杠杆率（*lev*）与 CAR 呈负相关，衡量公司规模的资产总值（ln_*ttass*）和 CAR 呈正相关。

（2）2016 年单年样本：稳健性检验结果也与原窗口期基本一致，主要表现为公司营业收入增长率（*revgrowth*）的正向影响、资产总值（ln_*ttass*）的正向影响和员工总数（ln_*empnum*）的正向影响，但由于更换为更短和更长的两个窗口期，受到信息提前泄露和信息滞后等因素的干扰，显著性比原先的两个窗口期较弱。

（3）2017 年单年样本：更换窗口期进行稳健性检验，公司年龄的正向影响和所属地区平均最低工资的负向影响加强，但其他解释变量的解释力减弱，在模型拟合程度上略弱于主体结果分析中所使用的 [-2，2] 和 [-3，3] 两个窗口期。

（4）2018 年单年样本：更换窗口期进行稳健性检验的结果与主体回归结果基本一致。市场化程度越高、收入增长率越高、工资水平越低，公司越有可能获得较高的超额收益率。

总体来看，更换窗口期所进行的稳健性检验，各解释变量对被解释变量 CAR 的影响方向和显著程度与主体回归结果基本一致，表明本章的主体回归结果较为稳健。

2. 更换 CAR 计算方法

再者，本章还通过更换 CAR 的计算方法对主体回归结果进行了稳健性检验。表 4-11 为稳健性检验的结果。Panel A 将 CAR 计算过程中的沪深 300 指数替换为上证指数；Panel B 采用了相对长期的年收益率做同样的分析，即关注公司更为长期的行为。由表 4-11 可见，更换了 CAR 的计算方法后得到的结果与我们的主体回归结果基本一致，CAR 的影响因素也大体相似。

### 表 4-11　更换 CAR 计算方法的稳健性检验

| 窗口期 | Panel A：将"沪深 300 指数"替换为"上证指数" | | | | | | | |
|---|---|---|---|---|---|---|---|---|
| | 2015 年样本 | | 2016 年样本 | | 2017 年样本 | | 2018 年样本 | |
| | (1) [-2, 2] | (2) [-3, 3] | (1) [-2, 2] | (2) [-3, 3] | (1) [-2, 2] | (2) [-3, 3] | (1) [-2, 2] | (2) [-3, 3] |
| SOE | -2.678*** | -4.488** | -0.008 | 0.021 | -0.012 | -0.054 | -0.003 | -0.014 |
| | (0.419) | (2.196) | (0.010) | (0.031) | (0.011) | (0.037) | (0.004) | (0.011) |
| ln_age | -0.012* | -0.001 | -0.011*** | -0.015 | 0.016** | 0.028*** | 0.031 | 0.040 |
| | (0.007) | (0.001) | (0.004) | (0.011) | (0.014) | (0.009) | (0.025) | (0.039) |
| fg_market | -0.007 | 0.038 | 0.010 | -0.032 | -0.013** | -0.017 | 0.012** | 0.017** |
| | (0.006) | (0.030) | (0.015) | (0.046) | (0.006) | (0.020) | (0.006) | (0.008) |
| fg_govmkt | -0.008*** | -0.030*** | 0.003 | 0.009 | -0.003 | -0.056* | -0.031 | -0.052 |
| | (0.003) | (0.011) | (0.007) | (0.024) | (0.022) | (0.030) | (0.023) | (0.035) |
| lev | -0.002 | -0.020* | -0.007 | -0.016 | 0.003 | 0.010 | -0.030 | -0.041 |
| | (0.010) | (0.012) | (0.006) | (0.026) | (0.011) | (0.025) | (0.022) | (0.037) |
| revgrowth | 0.001 | 0.012 | -0.011 | 0.014** | 0.005 | 0.008** | 0.026*** | 0.040*** |
| | (0.004) | (0.021) | (0.011) | (0.030) | (0.005) | (0.017) | (0.007) | (0.013) |
| fixassrate | 0.005 | 0.025* | -0.015** | 0.013 | 0.007 | -0.021 | -0.034 | -0.040 |
| | (0.004) | (0.014) | (0.007) | (0.027) | (0.011) | (0.033) | (0.027) | (0.034) |
| ln_ttass | 0.017*** | 0.677*** | -0.030*** | 0.035 | -0.023* | -0.003 | -0.020 | -0.033 |
| | (0.005) | (0.211) | (0.011) | (0.034) | (0.013) | (0.032) | (0.015) | (0.030) |
| ln_empnum | -0.008* | 0.002 | 0.003** | -0.029 | 0.020 | 0.012 | 0.006 | 0.013 |
| | (0.004) | (0.018) | (0.010) | (0.035) | (0.019) | (0.027) | (0.005) | (0.011) |
| pdperc | 0.000 | 0.003 | 0.387** | -0.470 | 0.013 | -0.007 | -0.021 | -0.013 |
| | (0.007) | (0.033) | (0.184) | (0.406) | (0.015) | (0.072) | (0.017) | (0.013) |
| ln_minwage | -0.319 | -0.350 | -0.389*** | -0.914** | 0.273 | -0.553 | -0.044*** | -0.071*** |
| | (0.385) | (0.431) | (0.118) | (0.386) | (0.309) | (0.362) | (0.017) | (0.023) |
| Constant | -0.352 | -1.942 | 0.952 | 0.232 | 1.158** | 1.410** | 0.388*** | 0.611*** |
| | (2.582) | (3.043) | (0.823) | (0.940) | (0.507) | (0.615) | (0.076) | (0.112) |
| Industry FE | YES | YES | YES | YES | YES | YES | YES | YES |
| Observations | 21 | 21 | 36 | 36 | 42 | 42 | 33 | 33 |
| Adj. R-squared | 0.173 | 0.484 | 0.233 | 0.448 | 0.490 | 0.247 | 0.315 | 0.301 |

| 窗口期 | Panel B：将"日收益率"替换为"一年期收益率" | | | | | | | |
|---|---|---|---|---|---|---|---|---|
| | 2015 年样本 | | 2016 年样本 | | 2017 年样本 | | 2018 年样本 | |
| | （1） | （2） | （1） | （2） | （1） | （2） | （1） | （2） |
| | [-2, 2] | [-3, 3] | [-2, 2] | [-3, 3] | [-2, 2] | [-3, 3] | [-2, 2] | [-3, 3] |
| SOE | -0.698** | -0.240** | -0.016 | 0.002 | -0.008 | 0.021 | 0.009 | -0.011 |
| | (0.328) | (0.094) | (0.014) | (0.028) | (0.010) | (0.031) | (0.007) | (0.008) |
| ln_age | -0.000 | -0.000 | -0.013** | -0.017 | 0.011*** | 0.015 | 0.018 | 0.022 |
| | (0.000) | (0.000) | (0.006) | (0.020) | (0.004) | (0.011) | (0.014) | (0.019) |
| fg_market | 0.020 | -0.013 | -0.003 | -0.056* | 0.010 | -0.032 | 0.011*** | 0.018*** |
| | (0.027) | (0.011) | (0.022) | (0.030) | (0.015) | (0.046) | (0.003) | (0.005) |
| fg_govmkt | -0.009 | -0.013*** | 0.003 | 0.010 | 0.013 | 0.009 | -0.012 | -0.019 |
| | (0.010) | (0.004) | (0.011) | (0.025) | (0.017) | (0.024) | (0.009) | (0.014) |
| lev | -0.044 | -0.004** | 0.005 | 0.008 | -0.007 | -0.016 | -0.030 | -0.040 |
| | (0.038) | (0.002) | (0.005) | (0.017) | (0.006) | (0.026) | (0.026) | (0.033) |
| revgrowth | -0.005 | 0.000 | 1.570*** | 1.170*** | 0.027*** | -0.015* | 0.037** | 0.021** |
| | (0.020) | (0.007) | (0.114) | (0.121) | (0.010) | (0.008) | (0.018) | (0.010) |
| fixassrate | 0.003 | 0.004 | -0.023* | -0.003 | -0.015* | 0.013 | -0.030 | -0.024 |
| | (0.017) | (0.006) | (0.013) | (0.032) | (0.008) | (0.027) | (0.027) | (0.019) |
| ln_ttass | 7.712* | 1.588** | -0.020** | -0.012* | 0.030*** | 0.035 | -0.021 | -0.028 |
| | (4.460) | (0.793) | (0.010) | (0.007) | (0.011) | (0.034) | (0.014) | (0.022) |
| ln_empnum | 0.011 | -0.024** | 0.012** | -0.009* | 0.003 | -0.029 | 0.015 | 0.023 |
| | (0.020) | (0.011) | (0.005) | (0.073) | (0.010) | (0.034) | (0.011) | (0.020) |
| pdperc | -0.002 | 0.019* | 0.274 | -0.551 | 0.387** | -0.472 | -0.024 | -0.015 |
| | (0.028) | (0.011) | (0.309) | (0.363) | (0.184) | (0.406) | (0.020) | (0.011) |
| ln_minwage | -0.460 | -0.170** | -0.129 | -0.320 | -0.143* | -0.164* | -0.054** | -0.074** |
| | (0.332) | (0.084) | (0.144) | (0.300) | (0.074) | (0.093) | (0.025) | (0.055) |
| Constant | -0.352 | -1.942 | 0.952 | 0.232 | 1.158** | 1.410** | 0.288*** | 0.217*** |
| | (2.582) | (3.043) | (0.823) | (0.940) | (0.507) | (0.615) | (0.019) | (0.042) |
| Industry FE | YES | YES | YES | YES | YES | YES | YES | YES |
| Observations | 21 | 21 | 36 | 36 | 42 | 42 | 33 | 33 |
| Adj. R-squared | 0.256 | 0.385 | 0.142 | 0.448 | 0.673 | 0.585 | 0.517 | 0.523 |

### 3. 检验累计超额收益与企业真实绩效的关系

为论证本章主要结果的真实性，排除资本炒作等其他因素的干扰。本章在此增加了累计超额收益与企业真实绩效关系的检验。最终结果显示，累计超额收益与企业下一期的托宾$Q$（Tobin's $Q$）和全要素生产率（$TFP$）均呈现正相关关系，即本章所得的累计超额收益的变化情况与企业真实绩效是一致的。结果如表4-12所示。

表4-12　累计超额收益与企业真实绩效关系

| 变量 | Tobin's $Q_{t+1}$ | $TFP_{t+1}$ |
| --- | --- | --- |
| CAR | 0.187*** | 0.780*** |
|  | (0.051) | (0.112) |
| SOE | 0.456*** | -0.807** |
|  | (0.070) | (0.152) |
| ln_age | -0.091 | 0.060*** |
|  | (0.105) | (0.021) |
| fg_market | -0.027*** | -1.210*** |
|  | (0.005) | (0.313) |
| fg_govmkt | 0.052 | -0.041 |
|  | (0.091) | (0.062) |
| lev | 0.121*** | 0.006 |
|  | (0.030) | (0.004) |
| revgrowth | -0.000 | 2.112*** |
|  | (0.000) | (0.335) |
| fixassrate | 0.279 | 0.872** |
|  | (0.191) | (0.300) |
| ln_ttass | 0.282 | 0.000*** |
|  | (0.425) | (0.000) |
| ln_empnum | 0.000* | 0.049*** |
|  | (0.000) | (0.018) |

续表

| 变量 | Tobin's $Q_{t+1}$ | $TFP_{t+1}$ |
|---|---|---|
| pdperc | 0.044*** | 0.087*** |
| | (0.012) | (0.029) |
| ln_minwage | 0.065** | 0.069** |
| | (0.027) | (0.030) |
| Constant | 0.125*** | 0.090** |
| | (0.044) | (0.045) |
| Industry FE and Year FE | YES | YES |
| Observations | 132 | 132 |
| Adj. R-squared | 0.305 | 0.311 |

# 五、延伸性分析

在此部分，本章拟采用双重差分的方法，进一步验证人工智能对企业价值所造成的影响。双重差分方法进行政策评估需满足平行趋势假设，然而工业和信息化部对于入选《智能制造试点示范项目名单》的企业评选条件并不是一个随机的过程。尽管工业和信息化部遴选《智能制造试点示范项目名单》的目的是为未来的智能制造行业发展做出部署，但在评选的过程中仍然参考了候选企业的以往财务状况、智能制造项目的已有成效以及未来的增长性等因素，因此会受到双重差分的平衡趋势假设的影响。为克服这种既有因素的影响，保证双重差分的平行趋势假设，克服传统双重差分方法的估计偏差，参考 Rosenbaum 和 Rubin（1983）、Abadie 和 Imbens（2016）研究结果，本章在原有双重差分的基础上，使用了倾向得分匹配-双重差分（PSM-DID）

的方法。

本章在此构建了 2013~2020 年的面板数据库，因为公司在入选公告的未来会受到来自政府和市场的较多利好政策，因此我们按照入选项目所属 99 家企业入选公告前一年的匹配变量进行了倾向匹配。参考 Smith 和 Todd（2005）研究指出的独立性假设条件，本章以可以衡量企业的财务状况和成长性的资产负债率（lev）、资产总值对数（ln_ttass）、收入年增长率（revgrowth）作为匹配变量，通过 Logit 模型估计得到企业是否入选公告的倾向得分，并采用一对一近邻匹配法为实验组匹配到合适的对照组企业。倾向得分匹配后的平衡性条件检验如表 4-13 所示。

表 4-13　PSM 样本的平衡性条件检验

| 变量 | | 对照组 | 处理组 | 均值差 | t 统计量 | p 值 |
|---|---|---|---|---|---|---|
| 资产负债率 | lev | 42.663 | 42.896 | -0.233 | -0.485 | 0.628 |
| 资产总值对数 | ln_ttass | 23.996 | 24.007 | -0.011 | -0.507 | 0.613 |
| 收入年增长率 | revgrowth | 10.615 | 10.993 | -0.378 | -1.112 | 0.268 |

由表 4-13 可得，实验组企业与对照组企业在匹配后均无显著差异，近邻匹配法得到了较好的效果。在此基础上，本章以托宾 Q（Tobin's Q）和全要素生产率（TFP）作为企业价值的衡量指标，并采用双重差分的方法来论证人工智能对企业价值的影响。After 表示公司是否入选公告，我们把公司入选公告的当年和此后取值为 1，从未入选的公司和标的公司入选前的年份均为 0。检验结果如表 4-14 列（1）和列（2）所示，最终我们发现，人工智能可以显著提高企业价值。同时，为验证人工智能对企业影响的滞后效应，本章还检验了人工智能对下一期企业价值的影响。检验结果如表 4-14 列（3）和列（4）所示，最终我们发现人工智能可以显著提升企业的未来价值。

### 表4-14 人工智能对企业价值的影响

| 变量 | (1) Tobin's Q | (2) TFP | (3) Tobin's $Q_{t+1}$ | (4) $TFP_{t+1}$ |
|---|---|---|---|---|
| After | 0.225 ** | 0.312 ** | 0.040 ** | 0.131 *** |
| | (0.101) | (0.144) | (0.018) | (0.048) |
| SOE | 0.074 ** | 0.504 *** | 0.063 *** | 0.061 |
| | (0.031) | (0.105) | (0.014) | (0.052) |
| ln_age | 0.044 | −0.071 | −0.036 ** | 0.704 *** |
| | (0.037) | (0.070) | (0.018) | (0.144) |
| fg_market | 0.017 | −0.034 *** | −0.021 | −0.303 *** |
| | (0.018) | (0.009) | (0.018) | (0.091) |
| fg_govmkt | −0.014 | 0.202 *** | 0.055 | 0.074 *** |
| | (0.017) | (0.071) | (0.046) | (0.023) |
| lev | −0.066 | 0.062 | 0.047 ** | −1.404 *** |
| | (0.070) | (0.050) | (0.022) | (0.515) |
| revgrowth | 0.097 | 0.000 | 0.028 | −0.094 |
| | (0.069) | (0.000) | (0.024) | (0.078) |
| fixassrate | −0.038 | −0.066 | −0.027 | −0.007 *** |
| | (0.029) | (0.061) | (0.018) | (0.002) |
| ln_ttass | 0.014 | −0.402 ** | −0.027 | 1.001 *** |
| | (0.017) | (0.200) | (0.029) | (0.255) |
| ln_empnum | −0.020 | 0.291 *** | 0.080 | 0.461 ** |
| | (0.021) | (0.077) | (0.075) | (0.212) |
| pdperc | −0.122 ** | 0.311 *** | −0.044 ** | 0.033 |
| | (0.060) | (0.103) | (0.019) | (0.025) |
| ln_minwage | 0.091 | −0.077 | 0.045 | 0.084 |
| | (0.100) | (0.080) | (0.037) | (0.061) |
| Constant | 0.717 *** | −0.182 *** | 0.927 *** | 0.800 *** |
| | (0.206) | (0.044) | (0.219) | (0.144) |
| Industry FE and Year FE | YES | YES | YES | YES |
| Observations | 2072 | 2072 | 2072 | 2072 |
| Adj. R−squared | 0.622 | 0.605 | 0.633 | 0.642 |

# 六、结论、政策意义及未来展望

本章运用事件研究法，以 2015~2018 年的《智能制造试点示范项目名单》公布来代表人工智能技术，以 2015~2018 年的《智能制造试点示范项目名单》所属的 132 个沪深上市公司为样本，通过对累计超额收益率的计算和实证分析，发现企业进行智能制造会为企业创造超额收益，即人工智能可以提升企业价值。

通过累计超额收益率算术平均值和流通市值加权平均值结果的对比，可以发现大规模企业进行智能制造对于企业价值的提升优于小规模企业，这是由于大规模的企业本身在资金和技术上具有优势，因此更易于发展人工智能技术。此外，市场对于非国有企业进行智能制造的反应要优于国有企业，这是由于国有企业受到体制的约束，使其在进行组织结构调整和市场变化时不够灵活。市场对于高监管企业进行智能制造的反应要优于低监管企业，这是由于企业所受到的监管越强，管理层就越会优先做出利于企业发展的决策。市场对于最低工资水平较低省份企业进行智能制造的反应要优于最低工资较高的企业，这是由于最低工资水平较高的企业在进行智能制造改组人员精简时所要付出的成本更大，因此人工智能对企业价值的提升不明显。

本章在后续研究中仍存在改进空间：

首先，样本的选择问题。工业和信息化部的这一示范计划从 2015 年开始，在国家层面只执行了四年，剔除掉没有在沪深股市上市的公司，样本数量较为有限。同时，非上市公司的各项指标可能也会表现出不同的特点和影响，但由于信息非公开而可能导致仅有上市公司的样本不能更好地覆盖所有入选公司。因为这一示范项目计划将会长期执行，所以在未来研究中获得更多有效的样本进行研究，将能够更加有效地完善现有模型，加大模型的解释力度。

其次，渠道的选择问题。市场对入选《智能制造试点示范项目名单》企业的反应在一定程度上能够说明市场对企业智能化制造的反应，但企业在后续智能化的过程中，需要找到更多客观衡量企业智能生产的变化程度的指标，如制造前后固定资产明细的变化、员工构成的明确变化等，因此市场对于企业长期变化的反应还有待于进一步观察与研究。

对于未来的研究，首先，要开拓研究的样本空间，采集更多的入选公司样本进行全面分析；其次，对于政策在后续造成的持续影响，要找到合适的量化指标，进行更加深入的讨论。

# 第五章

# "制造强国"下的价值创造

## ——年报文本分析研究[*]

———————————

[*]　本章的前期研究成果《智能制造影响下的企业绩效——基于中国上市公司年报文本分析的经验证据》发表于《工业技术经济》2023 年第 7 期，本章为修订后的版本。

本章研究得到国家社会科学基金重大项目"贸易壁垒下突破性创新政策体系建构研究"（项目批准号：20&ZD108）的资助。

本章作者：赵烁，中国社会科学院工业经济研究所助理研究员，清华大学应用经济学博士。

党的十八大以来，我国智能制造的发展水平和应用规模大幅度提升，其对社会生产也已经产生了深刻的影响。本章以我国2009~2021年沪深A股上市公司为样本，通过对上市公司年报进行文本分析构建了企业层面"智能制造"衡量指标，并使用美国、意大利两个国家智能制造指数的平均值作为工具变量，运用2SLS回归方法克服内生性后，最终发现智能制造显著提高了公司包括生产效率、发展能力以及盈利能力在内的绩效水平。这一影响在劳动力密集度高、低技能劳动力占比高以及民营企业中更为明显。本章研究有利于为政府制定智能制造相关政策，以及企业采用智能制造相关技术提供借鉴依据。

# 一、引言

2021年，工业和信息化部等八部门发布《"十四五"智能制造发展规划》，强调了我国今后将在创新、应用、供给和支撑四个体系努力构建智能制造发展生态的整体目标。2022年10月，党的二十大报告又进一步明确了我国今后经济发展的着力点要落实于实体经济，加快建设制造强国、质量强国的战略。尽管智能制造的发展水平和应用规模都始终在大幅提升，但目前国内外学界关于智能制造的研究大部分探讨了机器人、自动化设备等智能制造手段对于宏观劳动力和就业市场的影响（Acemoglu and Restrepo，2020；李磊等，2021；巫瑞等，2022），少有对于智能制造如何影响微观企业行为的研究，因此，本章实证研究智能制造对我国上市公司绩效水平所产生的经济影响具有重大的学术和现实意义。

本章以2009~2021年的沪深A股上市公司作为研究样本，通过对上市公司年报进行"智能制造"相关的词频分析构建了公司层面的智能制造衡量指标，同时本章使用美国和意大利两个国家行业层面单位机器人在千人劳动力中所占的比重，以及每家上市公司不同行业占比构建了工具变量，并以此对可以衡量企业生产效率的全要素生产率、衡量企业发展能力的资本积累率以及衡量企业盈利能力的市盈率等企业绩效指标进行了实证检验。为克服解释变量的内生性问题，本章主体回归均使用了2SLS回归方法。最终结论表明，智能制造可以显著提高生产效率、发展能力以及盈利能力在内的企业绩效。异质性分析发现智能制造对企业绩效的提升作用在劳动力密集程度高、低技能劳动力占比高以及民营企业中更为显著。本章的研究旨在提供智能制造提升企业绩效的实证证据，丰富学术界相关文献，并为今后政府和企业的决策提供参考意见。

# 二、文献综述与研究假设

## （一）文献综述

关于智能制造对企业产生的影响方面，国外学者的研究如下：有学者发现智能制造可以为制造业企业带来开发能力和探索能力，其中开发能力可以同时对短期和长期绩效产生正向影响，探索能力会对长期绩效产生正向影响，但会负向影响短期绩效，整体上看智能制造对制造业企业的短期绩效和长期绩效均会产生显著的促进作用（Lu et al.，2023）；有学者认为智能制造可以显著提升企业的财务绩效和创新绩效，同时技术密集型行业通过智能制造提高了创新能力（Yang et al.，2020）；还有学者发现智能制造显著提高了企业的环境、社会和治理（ESG）绩效，而内部监管和外部监管均会增强这一影响，同时非国有企业受到的影响更加明显（Sun and Satt，2023）。国内学者的研究如下：有学者以"智能制造试点示范专项行动"为研究对象，论证了智能制造可以显著提高企业绩效（张树山等，2021）；有学者研究发现智能制造可以通过优化企业资源配置效率和提高企业信息处理能力等渠道来抑制企业的成本黏性（权小锋和李闯，2022）；有学者认为智能制造可以显著提升企业的运营效率，同时市场化程度又可以强化这一正向关系（温素彬等，

2022）；有学者发现智能制造可以通过信息渠道、人力资本渠道和资金渠道三种路径来提高企业的创新能力（尹洪英和李闯，2022）；还有学者发现智能制造能力可以显著提升制造业企业的竞争优势，即智能制造能力水平越高，对于构建新竞争优势的促进作用越明显（黄启斌等，2023）。

关于企业绩效的影响因素，国内外学者具有较为丰富的研究，普遍认为公司治理水平的提高（Demsetz and Villalonga，2001；Huang，2010；尹美群等，2018；魏哲海，2018；郑志刚等，2022）、技术能力的提升（周煊等，2012；赵烁等，2019）均会对企业绩效产生显著的正向影响。

**（二）研究假设**

与传统人力劳动力相比，智能制造的优势显而易见。本章总结了智能制造的六大优点：第一，智能制造可以显著提高企业的生产规模。智能制造可以实现24小时不间断同质量工作，并且对车间环境的要求较低，这些均会给企业生产规模带来革命性的改变。第二，智能制造对于人力劳动力的替代，可以减少企业的人工成本。第三，智能制造可以对材料实现循环利用，从而减少了损耗，提高了资源利用率。第四，智能制造的标准化生产可以缩短企业的生产周期，以此减少企业的库存成本。第五，智能制造的无差别重复性劳动相对于人力劳动力而言，其可以极大地提高产品的合格率。第六，智能制造往往配套先进的数字系统，这可以帮助企业实现管理效率的提升。

基于以上分析，本章提出了如下研究假设：

**H5：智能制造可以显著提升企业的绩效水平。**

# 三、数据与变量

## （一）样本选择与数据来源

2008 年的国际金融危机对我国资本市场产生了深刻的影响，因此本章样本的起始年选在了 2009 年，由于工具变量的数据限制①，本章样本最终截止到 2021 年。在剔除了样本期内的金融类行业、ST 和 PT 公司，以及本章所需财务数据缺失的样本后，本章最终共得到 3015 家公司的 21807 个样本。

本章构造样本变量所需要的上市公司年报数据来自中国证监会网站，上市公司按收入衡量的分行业业务比重数据，以及包括公司总资产、总资产收益率、净资产收益率、总收入等信息来自 WIND 数据库和相关上市公司的网络披露信息。

## （二）变量定义

### 1. 被解释变量

本章的被解释变量有三个，分别是衡量公司生产效率的全要素生产率（Total Factor Productivity，TFP）、衡量公司发展能力的资本积累率（Capital Accumulation Ratio，CAR），以及衡量公司盈利能力的公司市盈率（Price

---

① 本章所能获取的意大利分行业劳动力数据截止到 2021 年。

Earnings Ratio，PER）。其中，全要素生产率是根据 Olley 和 Pakes（1996）的半参数估计法计算而得；资本积累率使用企业年末所有者权益的增长额同年初所有者权益总额之比进行了测算；市盈率则通过股票价格除以每股收益后取自然对数进行了测算。

2. 解释变量

类似于第三章，本章在此同样按照第一章的研究方法部分关于"文本分析"法的陈述统计了"智能制造"在上次公司年报中的出现次数，加 1 取自然对数后作为"智能制造"的衡量指标。但需要指明的是，在本章中若某一年公司年报出现的词频数量少于上一年，则我们以上一年的词频数量作为当年的衡量指标；若多于上一年，则以本年词频数量作为衡量指标。我们同样借鉴张叶青等（2021）的方法对衡量指标进行了有效性检验，最终证明该指标的设定合理有效。同时，我们还以"智能制造"相关特征词汇是否在上市公司年报中出现为衡量标准构建了虚拟变量进行了稳健性检验。

3. 工具变量

为克服内生性问题，本章的主体回归采用了 2SLS 回归方法。对其中工具变量的构建，本章借鉴了 Acemoglu 和 Restrepo（2020）、王永钦和董雯（2020）、郑丽琳和刘东升（2023）的研究方法，使用更先进地区的智能制造水平构建了工具变量。本章选择美国和意大利作为工具变量的度量国家，如式（5-1）所示，构建了两个国家行业层面机器人和劳动力数量（千人）比值的平均值，即行业层面的机器人使用密度 $Robot\_Density_{j,y}$；紧接着，本章又按照式（5-2）将 $Robot\_Density_{j,y}$ 根据每家上市公司不同行业的销售收入比重匹配到了公司层面，$Robot\_Density_{i,y}$ 即为本章所需的工具变量。

$$Robot\_Density_{j,y} = \frac{Robots_{c,j,y}}{2 \times Workers_{c,j,y}} \tag{5-1}$$

其中，$j$ 代表行业；$y$ 代表年份；$c$ 代表国家；$Robots$ 的单位为台；$Workers$ 的单位为千人。

$$Robot\_Density_{i,y} = \sum_{x=1}^{j} Robot\_Density_{j,y} \times Weight(Sales)_{i,x,y} \tag{5-2}$$

其中，$i$ 代表公司，$x$ 为行业 $j$ 的其中之一，$Weight(Sales)_{i,x,y}$ 为公司 $i$ 在 $y$ 年 $x$ 行业的销售收入占比。美国和意大利分行业的机器人数据来自国际机器人联合会（IFR），分行业的劳动力数据来自欧盟劳动力统计局（EU KLEMS）网站。

我国的智能制造技术主要依靠先进发达国家的渗透，即发达国家的智能制造技术与我国的智能制造发展水平有着密切关系，因此该指标符合工具变量的相关性要求；同时，其他国家的智能制造技术又不会直接影响到我国上市公司的绩效，因此该指标符合工具变量的排他性要求。

4. 控制变量

根据过往的文献研究结果，本章选取的控制变量主要为公司规模（ln$Assets$）、公司年龄〔ln（$Age$＋1）〕、杠杆率（$Leverage$）、董事会规模〔ln（$Boardsize$＋1）〕、CEO 持股比例（$CEOHold$）和机构投资者持股（$InstituteHold$）。其中，公司规模采用公司总资产的自然对数进行衡量；公司年龄为统计截止年与公司首次上市年份之差，加 1 取自然对数；杠杆率为总负债与总资产的比重；董事会规模为董事会总人数，加 1 取自然对数；CEO 持股比例和机构投资者持股分别为 CEO 和机构投资者所持股份在公司总股份中所占的比重。

本章所有变量具体的定义及数据来源如表 5-1 所示。

表 5-1 变量定义

| 变量分类 | 变量名称 | 变量含义 | 数据来源 |
|---|---|---|---|
| 被解释变量 | *TFP* | 根据 OL 法计算得到的全要素生产率 | WIND |
| | *CAR* | 资本积累率,企业年末所有者权益的增长额同年初所有者权益总额之比 | |
| | *PER* | 市盈率,股票价格与每股收益之比,取自然对数 | |
| 解释变量 | *Intelligence* | 上市公司年报中提及"智能制造"关键词的总次数,加 1 后取自然对数。同时需要说明的是,若某一年公司年报出现的词频数量少于上一年,则我们以上一年的词频数量作为当年的衡量指标;若多于上一年,则以本年词频数量作为衡量指标 | 中国证监会网站 |
| | *Robot_Density* | 公司的机器人使用率,由美国和意大利行业的机器人和劳动力数量,以及中国企业按行业划分的不同业务收入占比构建 | IFR、EU KLEMS、WIND |
| 控制变量 | ln*Assets* | 总资产的对数 | WIND |
| | ln(*Age*+1) | 统计截止年与上市年份之差,加 1 取自然对数 | |
| | *Leverage* | 杠杆率,总负债与总资产之比 | |
| | ln(*Boardsize*+1) | 董事会总人数,加 1 取自然对数 | |
| | *CEOHold* | 公司总股份中 CEO 股份所占的比例 | |
| | *InstituteHold* | 公司总股份中机构投资者股份所占的比例 | |

## (三)描述性统计

本章对各个变量进行了描述性统计。同时,为了避免异常值干扰,本章对数据进行了 1%缩尾处理。各变量的描述性统计结果如表 5-2 所示。

表 5-2 变量整体描述性统计结果

| 变量 | 平均值 | 标准差 | 最小值 | 最大值 |
|---|---|---|---|---|
| *Intelligence* | 0.240 | 2.343 | 0.000 | 3.526 |
| *Robot_Density* | 1.660 | 10.185 | 0.003 | 73.228 |

续表

| 变量 | 平均值 | 标准差 | 最小值 | 最大值 |
|---|---|---|---|---|
| *TFP* | 7.115 | 0.712 | 5.124 | 8.990 |
| *CAR* | 0.484 | 2.006 | −2.993 | 15.114 |
| *PER* | 3.877 | 1.205 | 2.400 | 6.110 |
| ln*Assets* | 21.598 | 7.129 | 8.009 | 31.774 |
| ln（*Age*+1） | 2.989 | 1.017 | 0.000 | 3.784 |
| *Leverage* | 0.490 | 0.342 | 0.061 | 0.920 |
| ln（*Boardsize*+1） | 1.720 | 0.362 | 0.000 | 2.708 |
| *CEOHold* | 0.042 | 1.110 | 0.000 | 0.897 |
| *InstituteHold* | 0.244 | 0.281 | 0.000 | 0.876 |

由描述统计结果我们可以发现，智能制造（*Intelligence*）的平均值为 0.240，意味着本章样本中平均每家公司每年的年报中会提及大约 0.271 次"智能制造"相关词汇；智能制造衡量指标的最大值为 3.401，最小值为 0，标准差为 2.343，达到了平均值的 9.8 倍，说明本章样本存在着较大的个体差异。全要素生产率（*TFP*）的均值为 7.115，最小值为 5.124，最大值为 8.990，标准差为 0.712，仅达到均值的 1/10，这一组统计也与郑宝红和张兆国（2018）的描述性统计基本一致，说明本章样本中不同企业不同年份间生产效率的差异并不大，同样可以看出本章样本公司的市盈率（*PER*）个体差异也不是很大。但就资本积累率（*CAR*）而言，其均值为 0.484，标准差为 2.006，达到了均值的 4 倍之多，最小值仅为 −2.993，最大值却达到了 15.114，这意味着本章样本公司的发展能力存在着较大的差异，同时这一组数据也与王艳和谢获宝（2018）的描述统计相一致。

**（四）模型构建**

本章主回归中均采用了 2SLS 方法进行检验，以此克服解释变量的内生性问题。式（5-3）为第一阶段模型，式（5-4）为第二阶段模型。

$$Intelligence_{i,t} = \alpha_0 + \alpha_1 Robot\_Density_{i,t} + \alpha_2 Controls_{i,t} + \delta_{1,i} + \delta_{1,t} + \xi_{1,i,t} \tag{5-3}$$

$$Y_{i,t} = \beta_0 + \beta_1 \widehat{Intelligence}_{i,t} + \beta_2 Controls_{i,t} + \delta_{2,i} + \delta_{2,t} + \xi_{2,i,t} \tag{5-4}$$

其中，$Y_{i,t}$ 为第 $t$ 年 $i$ 公司的被解释变量，即 $TFP$、$CAR$ 或 $PER$；$Controls_{i,t}$ 为控制变量；$\delta_i$ 和 $\delta_t$ 分别为控制公司固定效应和年份固定效应。

# 四、实证结果分析

表 5-3 汇报了智能制造影响企业绩效的 2SLS 第二阶段回归结果。[①] 如表 5-3 所示，列（1）、列（2）和列（3）分别呈现了智能制造对企业绩效水平的公司生产效率、发展能力和盈利能力，即全要素生产率、资本积累率和市盈率的影响。我们可以发现，智能制造与全要素生产率、资本积累率的回归系数分别为 0.050 和 0.080，且均在 1% 的显著水平上显著；智能制造与市盈率的回归系数为 0.071，在 1% 的显著水平上显著。以上结果即表明，智能制造可以显著提高公司的生产效率、发展能力和盈利能力，即智能制造的确可以显著提升公司的绩效水平，这与我们的研究假设一致。

表 5-3 智能制造对企业绩效的影响

| 变量 | TFP | CAR | PER |
|---|---|---|---|
| Intelligence | 0.050 *** | 0.080 *** | 0.071 *** |
| | (0.017) | (0.024) | (0.024) |

---

① 第一阶段结果证明了本章工具变量与内生变量具有强相关性，拒绝了弱工具变量检验的原假设。限于篇幅原因，不再陈列结果。

续表

| 变量 | *TFP* | *CAR* | *PER* |
|---|---|---|---|
| ln*Asset* | 0.102 ** | 0.084 *** | 0.052 ** |
| | (0.050) | (0.027) | (0.023) |
| ln*Age* | 0.044 | −0.075 ** | −0.060 |
| | (0.037) | (0.031) | (0.053) |
| *Leverage* | −0.070 *** | −0.092 *** | −0.077 *** |
| | (0.021) | (0.033) | (0.021) |
| *Boardsize* | 0.042 ** | 0.053 *** | 0.025 *** |
| | (0.018) | (0.017) | (0.006) |
| *CEOhold* | −0.097 | −0.080 | −0.091 |
| | (0.080) | (0.073) | (0.086) |
| *Inshold* | 0.051 *** | 0.049 ** | 0.039 *** |
| | (0.014) | (0.020) | (0.010) |
| Firm FE and Year FE | YES | YES | YES |
| Observations | 21807 | 21807 | 21807 |

注：括号内为稳健性标准误，***、**、*分别表示在1%、5%、10%水平上显著。下同。

# 五、异质性分析

本章在此同样使用2SLS回归方法针对劳动力密集度、低技能劳动力占比和企业所有权性质做出了异质性分析。本章在此以全要素生产率（TFP）作为被解释变量。

## （一）劳动力密集度

智能制造对公司行为所产生的所有影响都是以大规模替代人力劳动力作为前提的，因此智能制造对公司绩效的影响极有可能在劳动力密集程度高的公司更为显著。为了验证此猜想，我们以公司员工总人数与公司当年销售收入的比例作为劳动力密集度的衡量指标，并与 *Intelligence* 共同构建了交互项进行检验。检验结果如表 5-4 的列（1）所示，交互项系数正显著，与主回归结果方向一致，说明智能制造对公司绩效的影响的确在劳动力密集高的企业中更加显著，从而印证了我们的猜想。

表 5-4　异质性分析

| 变量名 | （1） | （2） | （3） |
|---|---|---|---|
| | *DebtCost* | *DebtCost* | *DebtCost* |
| *Intelligence* | 0.044 *** | 0.048 *** | 0.035 *** |
| | （0.013） | （0.016） | （0.012） |
| *Intelligence×Labor_Intensity* | 0.026 *** | | |
| | （0.007） | | |
| *Intelligence×Low_Skill* | | 0.061 *** | |
| | | （0.020） | |
| *Intelligence×SOE* | | | −0.027 *** |
| | | | （0.006） |
| Controls | YES | YES | YES |
| Firm FE and Year FE | YES | YES | YES |
| Observations | 21807 | 21807 | 21807 |

## （二）低技能劳动力占比

由于智能制造对企业最直接的影响在于影响企业的生产环节，而企业生产环节的劳动力多为低技能劳动力，因此我们猜想智能制造对公司绩效的影响在低技能劳动力占比高的公司中更加显著。为了验证这一猜想，本章在此参考赵烁等（2020）的研究方法，将公司的"生产工人"和从事支持性工作的"职员"定义为低技能劳动力，计算其所占的比重与 Intelligence 共同构建了交互项并进行了检验。检验结果如表5-4的列（2）所示，交互项系数与主回归结果方向一致，均在1%的水平上显著为正，说明智能制造对公司绩效的影响的确在低技能劳动力占比高的企业中更加显著。

### （三）企业所有权性质

为了验证企业所有权性质对本章主体回归结果的影响，本章按照企业的实际控制人将企业分为国有企业（$SOE = 1$）和非国有企业（$SOE = 0$），与 Intelligence 共同构建了交互项并进行了检验。最终我们发现交互项系数显著为负，与主回归结果方向相反［见表5-4列（3）］，即说明智能制造对公司绩效的影响在民营企业中更加显著。造成这一结果的原因可能是因为民营企业相对于国有企业在人力资源结构上具有更强的灵活性，可以有效引进智能机器设备来取代人力劳动力。

# 六、稳健性检验

为了论证本章结果的可靠性，本章在此使用替换解释变量、替换工具变量以及替换被解释变量的方法进行了稳健性检验。为克服内生性问题，本章在此部分同样使用了2SLS回归方法。

## （一）替换解释变量

本章在此将主回归中的"智能制造"衡量指标替换为文本分析法构造的"智能制造"虚拟变量，即若公司年报中出现了"智能制造"相关关键词，取 1；否则取 0。检验结果如表 5-5 的 Panel A 所示，结果依然证明智能制造可以显著提升公司的绩效水平。

表 5-5　稳健性检验

| 变量 | (1) | (2) | (3) |
|---|---|---|---|
| Panel A：使用"智能制造"虚拟变量 | | | |
| | TFP | CAR | PER |
| Intelligence_Dummy | 0.059*** | 0.091*** | 0.077*** |
| | (0.020) | (0.031) | (0.028) |
| Controls | YES | YES | YES |
| Firm FE and Year FE | YES | YES | YES |
| Observations | 21807 | 21807 | 21807 |
| Panel B：单独使用美国机器人数据 | | | |
| | TFP | CAR | PER |
| Intelligence | 0.038** | 0.062*** | 0.052** |
| | (0.015) | (0.020) | (0.021) |
| Controls | YES | YES | YES |
| Firm FE and Year FE | YES | YES | YES |
| Observations | 21807 | 21807 | 21807 |
| Panel C：单独使用意大利机器人数据 | | | |
| | TFP | CAR | PER |
| Intelligence | 0.066*** | 0.074** | 0.052*** |
| | (0.022) | (0.029) | (0.017) |

续表

| Panel C：单独使用意大利机器人数据 | | | |
|---|---|---|---|
| 变量 | （1） | （2） | （3） |
| | *TFP* | *CAR* | *PER* |
| Controls | YES | YES | YES |
| Firm FE and Year FE | YES | YES | YES |
| Observations | 21807 | 21807 | 21807 |

| Panel D：替换被解释变量 | | | |
|---|---|---|---|
| 变量 | （1） | （2） | （3） |
| | *Capital* | *Profit* | *Net_Asset* |
| *Intelligence* | 0.052 ** | 0.070 *** | 0.103 *** |
| | （0.026） | （0.025） | （0.036） |
| Controls | YES | YES | YES |
| Firm FE and Year FE | YES | YES | YES |
| Observations | 21807 | 21807 | 21807 |

## （二）替换工具变量

在替换工具变量中，我们将美国和意大利两国行业层面机器人使用密度平均值替换为单独使用美国数据和单独使用意大利数据构造的行业机器人使用密度，检验结果如表5-5中的 Panel B 和 Panel C 所示，所得结论均与主回归所得结论一致。

## （三）替换被解释变量

在替换被解释变量中，我们重新选择了衡量公司生产效率、发展能力和盈利能力的资本生产率（*Capital*）、营业利润增长率（*Profit*）和每股净资产（*Net_Asset*）进行了实证分析。最终结果均与本章主体回归结果一致，即智能制造可以显著增强企业绩效水平。

# 七、结论与建议

## (一) 研究结论

为论证智能制造对企业绩效的影响，本章以我国沪深 A 股 2009～2021 年的上市公司为样本，通过文本分析法构造了"智能制造"的衡量指标，并选择公司全要素生产率、资本积累率和市盈率分别来衡量企业绩效中的生产效率、发展能力和盈利能力。最终我们得到以下结论：

第一，智能制造显著促进了包括生产效率、发展能力和盈利能力在内的企业绩效水平，这一结论足以说明新技术对于社会生产的重要作用。智能制造的引入，可以将企业生产规模化、标准化，在短期内可以显著提升企业的生产能力，同时对企业的长期发展也具有积极的影响。

第二，智能制造对企业绩效的影响在劳动力密集度高、低技能劳动力占比高的企业以及民营企业中更为明显。这说明智能制造的确会对企业劳动力，尤其是低技能劳动力产生直接的替代作用；同时民营企业由于自身制度的灵活性，其更易于引进智能机器设备来替代人力劳动力。

## (二) 政策建议

本章为智能制造促进企业绩效提供了公司层面的实证证据，并丰富了智能制造对企业微观影响的相关领域研究。基于本章结论，我们提出了如下建议：

第一，我国各级政府及相关部门应坚决执行党的二十大精神，在税收、财政补贴、技术支持及各方面出台相关政策支持智能制造的普及运用。首先，对于从国外引进先进智能制造技术的公司，应在关税层面给予优惠；对于智能制造技术研发型企业，应该基于一定的财政补贴，鼓励这部分企业积极开辟先进技术并投入市场。我国还应该从政策层面推动政府、业界以及高校的"产学研"结合，通过引进技术、研发技术、应用技术三个维度努力将智能制造打造为我国工业市场的常态，将智能技术打造为我国经济发展的内核驱动力。

第二，根据本章的异质性分析结果，我国政府应密切关注到市场中的各种角色企业，由于高劳动力密集度企业、低技能劳动力占比高企业（多为传统制造业企业）和民营企业的绩效更容易被智能制造所提升，因此我国应着重推进传统制造业企业和民营企业对于智能制造技术的引入，从而提高我国制造业市场的整体竞争力。而对于部分引入智能制造技术或设备存在资金困难的企业，我国政府可以采用低息贷款、设备租借的方式帮助这部分企业走出困境，以此促进市场的协调发展。

# 第六章

# "制造强国"下的价值创造

## ——工业机器人研究[*]

---

　　[*]　本章的前期研究成果《机器人对公司绩效水平的影响研究》发表于《投资研究》2023 年第 5 期，本章为修订后的版本。

　　本章研究得到教育部人文社会科学重点研究基地重大项目"数智时代资本市场变革与发展趋势研究"（项目批准号：22JJD790047）、清华大学自主科研计划文科专项项目"国企混改对企业创新与技术升级的影响"（项目批准号：2021THZWYY09）、清华大学经济管理学院"影响力"提升计划项目"数智时代下的资本市场投融资与风险管理"（项目批准号：2022051006）的资助。

　　本章作者：赵烁，中国社会科学院工业经济研究所助理研究员，清华大学应用经济学博士；陆瑶，清华大学经济管理学院教授，博士生导师；田镇嘉，花旗环球金融亚洲有限公司职员。

本章以我国2009~2022年沪深A股上市公司为样本，以不同行业的机器人使用量和劳动力数量，结合上市公司同期分行业不同业务的比重构建了企业层面机器人使用率，并实证得到了企业使用机器人有利于生产效率和发展能力的提高，但由于短期成本效应的原因，其对盈利能力没有显著影响的结论。这一影响对非国有、规模大或弱监管企业更为明显。该章为企业经营者的决策提供了具有实际意义的参考。

# 一、引言

近年来，人工智能等领域发展迅速，在相关技术的驱动下，越来越多的需要人力劳动的工作开始向自动化转型。国家也相当重视人工智能所带来的经济价值，推出了一系列政策以推动人工智能的全面发展以及产业赋能。2012 年 4 月，国家科学技术部发布了《服务机器人科技发展"十二五"专项规划》，从政策层面上对机器人行业的发展给予了大力支持。同年 5 月，工业和信息化部发布的《高端装备制造业"十二五"发展规划》也明确指出，国家将逐步实现工业机器人及其核心部件的技术突破和产业化。2013 年 12 月，工业和信息化部正式发布了《关于推进工业机器人产业发展的指导意见》，并提出到 2020 年形成较为完善的工业机器人产业体系的目标。这些代表着我国的人工智能发展早已到了标准化建设的阶段，人工智能的发展已经被认为能够实现生产的进一步自动化，并促进我国的经济社会发展。

相较于人类劳动，自动化的主要特点是通过机器设备，在较少劳动力或者没有劳动力的直接参与下，根据劳动力的需求完成相应的工作或任务。目前我国的农业、工业、交通运输业和服务业等多个行业都部分实现了自动化，尤其是体力强度较大的工作，如搬运、分拣等，其自动化程度已经较高。而实现自动化的一个主要的载体即为智能机器人，尤其是近几年人工智能、大数据分析等技术的飞速发展，赋予了机器人自主学习、推理等能力，使"智能化"成为生产领域的一个新趋势，许多以往被认为不能自动化的工作内容也逐渐在科技的推动下有了新的解决方案，如驾驶、销售、网页开发等。因此，本章选取了机器人的使用率来衡量企业的人工智能程度。

尽管目前已经进入人工智能高速发展、企业越来越多地通过机器人实现自动化的时代，但国内学界关于人工智能经济影响的研究却相对缺乏，且多探究的是广泛自动化对宏观经济的影响，如自动化的使用对整个就业市场的冲击（Acemoglu and Restrepo，2020；王永钦和董雯，2020；陈媛媛等，2022），而缺乏基于企业自身发展问题的微观层面的研究。因此本章基于以上现实及理论背景选题，旨在通过实证分析探究机器人的使用是否能够提升上市公司的绩效表现。

本章以 2009~2022 年的沪深 A 股上市公司作为研究样本，通过国际机器人联合会（IFR）数据库收集了该时间范围内不同行业的机器人使用量数据，结合国家统计局获得了分行业劳动力数据以及经由 WIND 数据库收集的上市公司同期分行业不同业务比重数据，构造了企业的机器人使用率以衡量企业的人工智能水平；此外，我们选取了可以衡量企业生产效率的单位劳动生产力、衡量企业发展能力的营业收入三年平均增长率以及衡量企业盈利能力的净资产收益率和总资产收益率来作为公司绩效表现的测度指标，以此论证智能机器人的使用对公司绩效的影响。最终我们发现，机器人的使用有利于促进公司生产效率和发展能力的提升，但对企业的盈利能力的影响不显著。异质性分析的结果还显示了国有企业的生产效率受机器人使用的影响不明显，大规模企业的生产效率由于规模经济效应的原因，受机器人的影响较为显著，以及监管较弱的企业使用机器人更容易促进其绩效水平的提升。本章研究结论在使用基期（2009 年）劳动力数据构造机器人使用率以及使用行业层面机器人使用率后，仍然十分稳健。

本章的研究意义主要包括：

在学术贡献方面，以往关于人工智能的研究，较大多数探讨了企业内在管理系统智能化或者数字化所产生的影响,且所研究的人工智能的内涵均为"数字技术",例如,聂兴凯等(2022)探讨了企业数字化转型对会计信息可比性的影响;吴武清和田雅婧(2022)研究了企业数字化转型对于费用黏性的影响;郭恒泰和王妍(2022)实证探讨了数字技术对于股价崩盘风险的影响。而即便有文献研究了企业生产过程的智能制造运用,其所探讨的也均是劳动力和就业分配的问题,例如,Acemoglu 和 Restrepo(2020)通过实证分析,得到了工业机器人会对就业产生巨大替代作用,并且会降低工人工资、增大社会不平等的结论;李磊等(2021)发现企业的劳动力需求会因为工业机器人的使用而上升,但传统劳动密集型企业以及低技能劳动力的就业会受到抑制;陈东和秦子洋(2022)实证发现工业机器人可以帮助中低收入群体提高其收入水平;陈媛媛等(2022)则发现工业机器人的应用显著减少了地区外来劳动力的迁入率。这些文献均未从公司层面探讨人工智能对于企业绩效究竟会产生何种程度的影响。因此,本章以工业机器人为视角,选择了三个具有代表性的指标来作为公司绩效的衡量维度实证探讨机器人对上市公司绩效水平的影响,丰富了现有关于自动化和智能化影响的研究,为人工智能如何促进企业绩效提供了公司层面的实证证据,也为后续进一步的深入讨论提供了结论性的支持。

此外,在研究方法上,本章创新性地利用行业机器人、行业劳动力和公司不同业务收入比重数据构造了公司的机器人使用率这一解释变量,可以更为准确地估计机器人的使用所带来的影响,识别因果关系。以往文献大多未能准确量化智能制造指标,已量化的如王永钦和董雯(2020)是以地域就业人口作为权重构建了公司层面智能化指数,该方法可以用于研究区域层面的就业行为,但不适合研究资本市场的公司行为,因此本章以公司不同行业收入比重作为权重构建公司层面智能化指数,具有一定的创新性。

在实践意义方面，随着机器人产业的日益发展，是否使用机器人实现自动化已经成为许多企业面临的决策。由于将机器人投入到生产中需要大量的前期投资，其中既包括购置、安装费用等资金成本，同时还会为企业带来大量的学习成本和时间成本；此外，使用机器人后也会对企业造成各个方面各种程度的影响，如引发安全问题、影响员工结构等，因此企业在决策中需要面对大量的权衡取舍。而本章的研究发现能够为企业所有者提供具有实际意义的参考。

# 二、文献综述与研究假设

## （一）机器人使用对企业的影响

在机器人对企业影响的研究中，学界的主流观点认为机器人的使用能够为企业带来积极正面的作用，但也有部分学者认为机器人对于企业的影响并非全是有利的，在一定时间范围内，机器人可能也会对企业带来不利影响。

由于国外机器人产业起步早，发展较为成熟，国外学界对于此问题的关注较多，相关文献也比较丰硕，目前有代表性的观点主要包括以下两种：一是企业决定是否使用机器人受机器人对现有劳动力的替代成本和机器人对劳动市场冲击的影响（Acemoglu and Restrepo，2018）。总的来说，目前机器人的使用造成了两种趋势，一方面企业对拥有常规技能的劳动力的需求降低，但另一方面企业又会提升对于拥有高技能的劳动力的需求。二是机器人的使用较少地影响到企业的现任员工，但让企业提供更少的工作机会给潜在的劳动力（Dauth et al.，2018）。再者，有学者指出，虽然大规模应用机器人短期内会给企业造成的成本较高，但在生产中使用机器人替代人类劳动力会提高生产效率，因此使用机器人的企业会越来越多（Arntz et al.，2016）。还有学者认为，企业对机器人的使用有利于提高其生产效率，同时，使用机器人还可能让部分企业获得高速发展，成为明星企业（Dinlersoz and Wolf，2018）。此外，制造业公司更倾向于使用机器人，而随着机器人的发展，其功能逐渐强大，预计可以对 702 种职业进行替代（Frey and Osborne，2017）。另有学者通过对 17 个国家的各行业 1993～2007 年的数据进行实证分析发现，机器人的广泛使用在没有降低就业率的情况下，显著地提高了劳动生产率和全要素生产率（Grzetz and Michaels，2018）。

国内的基于使用机器人对企业的影响问题的研究较少，且多从理论层面出发，缺乏实证数据分析，目前已有的主要研究包括：有学者认为，目前我国已经有 1/3 的制造业企业受到了机器人的影响；同时，使用机器人对不同类型的劳动力还具有非对称性影响，一方面，对于常规技能劳动力，机器人表现出较强的替代效应，而另一方面，对于高技能劳动力，机器人则表现出明显的增强效应，即机器人的使用会使高技能劳动力的数量上升（程虹等，2018）。有学者指出，机器人的使用能够提高企业的自动化水平，并且有利于产品质量、生产效率的提高，从而改善劳动条件，提高企业的市场竞争力（孙英飞和罗爱华，2012）。还有学者指出，工业机器人有利于企业人工成本的降低以及生产管理质量效率的提高（司丙乐和张凤，2019）。此外，机器人技术的推广应用有利于企业降低生产成本，缩短生产周期，提高生产过程的灵活性，并且能够让企业由流水线式生产模式向定制化生产模式转型，企业能够提高对于市场需求变化的反应速度，产品的设计、生产和销售等环节将联系得更加紧密（林利民，2013）。

### （二）公司绩效的影响因素

公司绩效指的是在一定的经营期间里，企业经营的业绩和效益。构成公司绩效的因素较多，包含盈利能力、偿债能力、运营能力、发展能力等多个方面。考虑到前文所述的机器人的使用会给企业造成的影响，本章将主要从三个方面来评估企业的绩效：生产效率、发展能力和盈利能力。

在关于企业生产效率影响因素的相关研究中，主要分为外部因素和内部因素。就外部因素而言，有学者认为，企业（尤其是发展中国家的企业）需要参与到全球市场，才能接触并学习到优秀公司的先进的生产制造技术以及管理运营方式，从而提高自己的生产效率（Bernard et al.，2003）。还有学者认为，一个开放并健全的外部金融环境有利于企业融资，从而利用资金进行投入，提高生产效率（Fernandes，2008）。有学者发现，就中国市场而言，市场化进程也会促进企业生产效率的提高（张杰等，2011）。就内部因素而言，自主创新能力、企业管理能力、企业规模、企业的所有制结构等因素都得到了学界的密切关注。此外，企业的创新和研发能力越强，创新和研发活动越多，企业的生产效率也会越高（Benavente，2006）。还有学者认为，企业管理能力的提高也会促进企业的生产效率提高（Burki and Terrell，1998）。还有学者发现，中国企业的规模和生产效率存在一种"U"形关系，即规模较小的企业，生产效率较高，随着规模变大，其生产效率会逐渐降低，但是当规模达到一定程度后，企业的生产效率又会随着规模扩大而提升（张杰等，2011）。更有学者研究论证了国有企业的全要素生产效率相比非国有企业更低（林青松和李实，1996）。

就企业的发展能力而言，其决定因素往往随着企业的发展而变化。有学者认为，中小企业的发展能力主要与资金、管理经验、企业效率、市场营销等因素相关（邬爱其等，2003）。还有学者认为，企业成长能力的主要决定因素可以分为企业和政府两个层面，其中在企业层面上，研发技术实力、企业规模、人才、市场营销都能够对企业的成长发展造成显著影响（刘万元，2002）。另有学者则更为详尽地指出在企业发展的各个阶段中影响企业进一步成长的因素，他们将企业发展分为创业、生存、发展、起飞和成熟五个阶段，并对每个阶段发展的影响因素进行了重要性排序，其中包含了技术声誉的企业资源在企业成长的初期阶段发挥着至关重要的作用，但随着企业的日益发展，其重要性会呈现出逐步降低的趋势（Churchill and Lewis，1983）。

在关于企业盈利能力的影响因素方面，可以分为财务指标和非财务指标。在影响企业盈利能力的财务指标上，李宝仁和王振蓉（2003）认为，企业的资本结构对企业的盈利能力有着显著影响，并表现为负相关，即企业的资产负债率越高，企业的盈利能力越低。金碚和李钢（2007）认为，除了企业的杠杆率和企业的盈利能力呈现负相关之外，企业的资产运营效率会正向影响企业的盈利能力，因为越高的资产运营效率往往意味着在固定的资产投入下，企业可以获得更大的产出。另有学者认为，企业的规模、资本结构对企业的盈利能力有着显著的影响，其中企业规模与盈利能力呈正相关关系，资本结构和流通股比例与盈利能力呈负相关关系（程建伟，2006）。就非财务指标而言，Glancey（1998）认为，企业的年龄与企业的盈利能力呈正相关关系，而企业的位置同样会影响企业的盈利能力，主要表现为乡村地区的企业比城镇地区的企业拥有更高的盈利能力。顾吉宇和陈利军（2011）认为，企业的流通股比例与盈利能力呈显著负相关关系，主要因为流通股比例越小的企业越容易形成"内部人控制"，从而引发企业外部治理机制失效的现象。李静波（2009）认为，国家政策可以通过税收政策影响到企业的盈利能力，而企业内部的影响因素则包括企业的知识创新能力、企业管理等多种因素。此外，樊卫雄（2018）发现企业的技术先进水平决定了企业的生产效率，从而影响企业的盈利能力。

### （三）影响机制与研究假设

前文提到，机器人的使用能够为企业带来很多影响。首先，机器人对车间环境的要求较低，可以实现工厂 24 小时不间断地同质量同标准工作，从而极大限度地扩大企业的生产规模；而且，机器人在执行部分规定的、机械化的工作时，相比人类劳动力，能够实现更高的效率，不会出现由于工人精力不充沛、操作明显失误以及不同工人制作的产品质量不一致的现象，从而会提高产品的合格率；再者，机器人的使用可以极大地缩短产品的生产周期，据统计，制造业的生产周期会因为机器人的使用而缩短一半左右，并且其在缩短产品生产周期的同时也会极大地减少产品的库存成本；机器人的使用可以替代部分原有的工种，使管理更加简便的同时会在很大程度上减少劳动力成本，结合其可以扩大产品生产规模，我们认为机器人的使用会极大地减少单位产品的人工成本；除此之外，智能机器人的使用可以减少人为因素的原材料浪费，从而提高企业的资源利用率，降低损耗。因此，企业使用机器人，即意味着企业在固定的要素投入下，能够得到更高的产出。由此可见，结合生产要素理论，使用机器人后，能够给企业的生产效率和企业未来的发展能力带来积极影响。基于以上分析，本章提出以下研究假设：

**H6-1：机器人的使用能够对企业的生产效率产生正向的积极作用。**

**H6-2：机器人的使用能够对企业的发展能力产生正向的积极作用。**

在对企业生产效率和发展能力的分析中，我们可以得知，企业引入智能机器设备后，其生产规模会得到极大的提高，单位产品的人工成本也会降低，

再加之库存成本的减少以及资源利用率的提高,企业的盈利能力极有可能会得到显而易见的提高,因此我们提出了以下研究假设:

**H6-3a:机器人的使用对企业的盈利能力可能产生正向的积极作用。**

然而,短期内大量使用机器人会给企业带来不小的成本压力。同时,尽管机器人理论上可以替代一部分原有的拥有常规技能的劳动力,但 Dauth 等(2018)的实证研究却发现,机器人的使用对于企业原有的劳动力的影响较小,更多的是减少了新的常规技能劳动力需求,因此企业如果开始使用机器人,在短期内可能面临的不只是大量的资金、技术投入,还有可能是无法降低劳动成本。而且,技术引进所带来的企业生产规模的扩张还极有可能增大劳动力的绝对数量,从而增加企业的劳动力成本。除此之外,长期来看,机器人在使用中也会产生大量的安装、培训、维护、维修、折旧成本,极有可能造成企业成本的增加。因此,本章针对机器人对企业盈利能力的影响又提出了如下的备择假设:

**H6-3b:机器人的使用对企业的盈利能力没有显著的积极作用。**

# 三、数据与变量

## (一)样本选择与数据来源

为了剔除 2008 年国际金融危机所造成的影响,本章的样本起始于 2009 年。考虑到本章从国际机器人联合会(IFR)中获取的分行业机器人使用量的数据终于 2022 年,因此本章以 2009~2022 年上交所与深交所 A 股上市公司作为研究样本，剔除了中国证监会行业划分中的金融类行业公司，同时还剔除了进行特别处理的公司以及本章所需数据缺失的样本后，得到了3114家公司的26822个样本。

我国2009~2022年分行业的劳动力人数的数据来源为国家统计局和历年《中国工业统计年鉴》。而我国沪深A股上市公司2009~2022年的按收入衡量的分行业业务比重，数据来源于WIND数据库和相关上市公司的网络披露信息。本章将根据如上信息及分行业的机器人数据计算出2009~2022年企业的机器人使用率，作为企业人工智能程度的衡量指标。本章涉及的其他我国沪深A股上市公司2009~2022年的财务数据来源于国泰安数据库，包括公司总资产、总资产收益率、净资产收益率、总收入等信息，国内生产总值（GDP）数据来自国家统计局。

## （二）变量定义

### 1. 被解释变量

本章主要有四大被解释变量：单位劳动生产力、营业收入增长率、净资产收益率和总资产收益率，分别从生产效率、成长能力和盈利能力三方面衡量企业的绩效。其中，单位劳动生产力 [ln（*Sales/Labor*）] 用于衡量公司的生产效率，计算方式为当年的总收入除以当年的劳动力人数，这里取计算出的值的对数。营业收入增长率（*Growth*）用于衡量公司的发展能力，为了避免收入的短期波动对收入增长率指标产生的影响，本章使用了收入三年平均增长率来衡量企业的发展能力。净资产收益率（*ROE*）用于衡量公司的盈利能力，计算方式为净利润除以股东权益。总资产收益率（*ROA*）同样用于衡量公司的盈利能力，计算方式为净利润除以总资产。

### 2. 解释变量

本章中借鉴了Acemoglu和Restrepo（2020）研究中的做法，构造了自变

量机器人使用率 $R\_E$ 作为企业人工智能程度的衡量指标。

首先，将分行业的机器人使用量数据中的行业与分行业的劳动力人数数据中的行业进行统一，以中国证监会于 2012 年公布的《上市公司行业分类指引》为依据，最后根据数据源整理出 8 个一级行业，其中我们又将制造业细分为 13 个子行业。

其次，根据获取到的中国 2009~2022 年的分行业机器人使用量（$Robots$）数据以及分行业的劳动力（$Workers$）数据，可以计算出 2009~2022 年分行业的机器人使用率，具体计算方法如下：

$$x \text{ 行业在 } y \text{ 年的机器人使用率 } R\_E_{x,y} = \frac{Robots_{x,y}}{Workers_{x,y}} \tag{6-1}$$

其中，$Robots$ 的单位为台，$Workers$ 的单位为千人。

再次，使用获取到的我国沪深 A 股上市公司 2009~2022 年的按收入衡量的不同业务所占比重数据，通过关键词检索的方式将其不同业务定义到上述被界定的行业中。

最后，对每一家公司，将不同业务所对应的行业的机器人使用率乘以该业务所占比重，计算出每个公司每年的加权机器人使用率 $R\_E$，并以此作为回归的解释变量，具体计算方法如下：

$$R\_E_{i,y} = \sum_{j=1}^{x} R\_E_{x,y} \times Weight(Sales)_{i,j,y} \tag{6-2}$$

其中，$i$ 为公司，$j$ 为行业 $x$ 的其中之一，$Weight$（$Sales$）$_{i,j,y}$ 为公司 $i$ 在 $y$ 年 $j$ 行业的销售收入占比，$R\_E_{i,y}$ 即公司 $i$ 在 $y$ 年的机器人使用率。

3. 控制变量

根据过往的文献研究结果，本章主要选取了以下几个维度对公司的生产效率、发展能力和盈利能力具有重要影响的变量作为控制变量：

公司规模 [ln（$Sales/Labor$）]：公司规模的大小对其生产效率、发展能力和盈利能力都有显著的影响，此处采用企业总资产的自然对数来衡量企业规模。上市年限（*Age*）：企业上市的时间越久，就拥有更多的生产经营经验，亦更能趋于拥有较好的公司业绩，此处的计算方式为统计截止年与上市年份之差。资本结构（*Leverage*）：企业的资产结构会使企业面临不同的财务问题和风险，从而导致其经营水平不同，此处使用资产负债率衡量企业的资本结构。所有者性质（*SOE*）：在国内市场，企业的所有者性质会影响企业的市场化程度、管理水平等，也会对企业的经营业绩造成影响，此处使用实际控制人的性质作为哑变量衡量企业的所有者性质，如果公司的实际控制人的性质为国有，则该变量赋值为1，否则为0。机构投资者持股（*Inshold*）：用以控制外部监管者对于公司绩效所产生的影响，本章在此以机构投资者持股比例作为衡量指标。董事会规模（*Boardsize*）：用以控制董事会对于公司绩效产生的影响，本章在此使用董事会人数作为衡量指标。财政补贴（*Subsidy*）：用以控制区域政策或财政支持对于公司绩效的影响，本章在此使用总资产标准化后的政府补助进行了衡量。经济发展水平（ln*GDP*）：用以控制区域本身经济状况对于公司绩效的影响，本章在此使用公司总部所在省份的GDP，取自然对数进行了衡量。

本章所有变量具体的定义及数据来源如表6-1所示。

表6-1 变量定义

| 变量分类 | 变量名称 | 变量含义 | 数据来源 |
|---|---|---|---|
| 被解释变量 | ln（*Sales/Labor*） | 单位劳动力生产率，总收入与劳动力人数比值的对数 | CSMAR |
| | *Growth* | 营业收入三年平均增长率，本年营业收入与三年前营业收入的比值的立方根减去1 | |
| | *ROE* | 净资产收益率，净利润除以股东权益 | |
| | *ROA* | 总资产收益率，净利润除以总资产 | |
| 解释变量 | *R_E* | 公司的机器人使用率，由行业的机器人使用量、行业的劳动力人数以及企业的按行业分的不同业务收入占比构造 | IFR、WIND、国家统计局 |

续表

| 变量分类 | 变量名称 | 变量含义 | 数据来源 |
|---|---|---|---|
| 控制变量 | lnAsset | 总资产的对数 | CSMAR |
| | Age | 上市年限，统计截止年与上市年份之差 | |
| | Leverage | 资产负债率 | |
| | SOE | 所有者性质，哑变量，若公司实际控制人性质为国有，赋值为1，否则为0 | |
| | Inshold | 企业总股份中机构投资者所持股份的比例 | |
| | Boardsize | 企业董事会人数 | |
| | Subsidy | 其他收益和营业外收入明细科目中的政府补助加总，以企业总资产为基数进行了标准化处理 | |
| | GDP | 公司所在省份的GDP（亿元），取自然对数 | 国家统计局 |

## （三）变量的描述性统计及分析

本章对各主要变量进行的描述性统计结果如表6-2所示。同时，为了避免异常值干扰，本章对所有数据均进行了1%和99%的缩尾处理。

表6-2 变量整体描述性统计结果

| 变量 | 平均值 | 标准差 | 最小值 | 最大值 |
|---|---|---|---|---|
| $R\_E$ | 0.489 | 2.779 | 0.000 | 15.615 |
| ln（$Sales/Labor$） | 13.612 | 1.130 | 11.578 | 16.439 |
| Growth | 0.171 | 0.405 | -0.520 | 1.806 |
| ROE | 0.074 | 0.146 | -0.622 | 0.386 |
| ROA | 0.051 | 0.086 | -0.240 | 0.231 |
| lnAsset | 21.790 | 1.403 | 18.976 | 26.112 |
| Age | 8.862 | 6.921 | 0.000 | 24.000 |
| Leverage | 0.480 | 0.261 | 0.044 | 0.902 |

续表

| 变量 | 平均值 | 标准差 | 最小值 | 最大值 |
|------|--------|--------|--------|--------|
| *SOE* | 0.155 | 0.414 | 0.000 | 1.000 |
| *Inshold* | 0.234 | 0.335 | 0.000 | 0.911 |
| *Boardsize* | 4.389 | 3.291 | 2.000 | 12.000 |
| *Subsidy* | 0.000 | 0.005 | 0.000 | 0.004 |
| ln*GDP* | 10.102 | 1.297 | 7.668 | 11.774 |

如表 6 - 2 所示，我们可以看到，机器人使用率（*R_E*）的平均值为 0.489，意味着平均每 1000 名劳动力中机器人的使用量为 0.489 台；机器人使用率的最大值为 15.615，最小值为 0，说明不同企业不同年份机器人的使用率的差异非常大。单位劳动生产率的对数 [ln（*Sales/Labor*）] 的均值为 13.612，其中最小值为 11.578，最大值为 16.439，说明不同企业在不同年份间的生产效率差异较大。而就营业收入三年平均增长率（*Growth*）、净资产收益率（*ROE*）、总资产收益率（*ROA*）而言，均值分别为 0.171、0.074 和 0.051，意味着平均来看公司能够保持收入增长及盈利；最小值分别为 -0.520、-0.622 和 -0.240，最大值分别为 1.806、0.386 和 0.231，说明不同公司间经营状况相差非常大，有的公司收入增长迅速，盈利能力较强，但有的公司收入持续负增长，且亏损较为严重。同时，还可以从表格中发现，本章样本中，不同公司资产规模、上市年限、机构投资者持股、董事会规模、地区经济水平和对于资本结构的选择都有巨大差异；在所有样本中，约有 13.2% 的公司实际控制人性质为国有。

**（四）模型构建**

本章构建如下的模型，目的在于检验随着机器人使用率的提高，企业的绩效是否会随之提升。

$$y_{i,t}=\alpha_0+\beta_1 R\_E_{i,t}+\beta_2 Control_{i,t}+\delta_i+\delta_t+\varepsilon_{i,t} \qquad (6-3)$$

其中，$y_{i,t}$ 为第 $t$ 年 $i$ 公司的被解释变量，分别为 ln（$Sales/Labor$）、$Growth$、$ROE$ 和 $ROA$。同时还加入 $\delta_i$ 和 $\delta_t$ 以控制公司固定效应和年份固定效应。

# 四、实证结果分析

## （一）机器人使用率对公司生产效率的影响

机器人的使用对于公司生产效率影响的检验结果如表6-3所示。由表6-3中我们可以看到，机器人使用率对企业的单位劳动生产力的回归系数为0.037，且在1%的水平上显著，说明企业使用机器人对企业的生产效率有着显著的正向影响。这一结果与假设H6-1预期一致，一方面，由于机器人的使用可以降低企业对于常规技能劳动力的需求，而常规技能劳动力往往较为密集，机器人对其替代效应显著，长远来看机器人的使用有利于企业雇佣劳动力的缩减，从而提高单位劳动力生产率；另一方面，机器人相比人类劳动力本身还具有高效率、长时间工作、生产稳定等特点，在扩大企业生产规模的同时，还会减少单位产品的人工成本、提高资源利用率、降低损耗、缩短生产周期和降低库存成本、提高产品合格率和管理效率等，这些因素都会极大地正向促进企业单位劳动力生产效率的提高。

表6-3　机器人使用率对单位劳动生产力的影响

| 变量 | ln（Sales/Labor） |
|---|---|
| R_E | 0.037*** |
|  | (0.010) |
| lnAsset | 0.193*** |
|  | (0.055) |
| Age | 0.021 |
|  | (0.030) |
| Leverage | −0.122*** |
|  | (0.040) |
| SOE | 0.031 |
|  | (0.029) |
| Inshold | 0.036* |
|  | (0.020) |
| Boardsize | 0.022 |
|  | (0.014) |
| Subsidy | 0.009*** |
|  | (0.003) |
| lnGDP | 0.089* |
|  | (0.050) |
| Constant | 5.288*** |
|  | (1.776) |
| Firm FE and Year FE | YES |
| Observations | 26822 |
| Adj. R-squared | 0.623 |

注：括号内为稳健性标准误，***、**、*分别表示在1%、5%、10%水平上显著。下同。

## （二）机器人使用率对公司发展能力的影响

机器人的使用对公司发展能力影响的检验结果如表6-4所示。从表6-4中我们可以看到，机器人使用率对企业的营业收入三年平均增长率的回归系数为0.029，且在1%的水平上显著，说明企业使用机器人对企业的生产效率有着显著的正向影响。这一结论与假设 H6-2 预期一致。机器人的引进尽管可能在短期内增加企业的成本，但从长期来看，机器人的使用对企业的整个生产流程都是一种革新，机器人适应体力性和程序性工作的特点在提高企业生产效率的同时还会增强企业的核心竞争力，无论在生产上还是管理上都会让企业拥有更强的发展能力。

表 6-4　机器人使用率对营业收入三年平均增长率的影响

| 变量 | Growth |
|---|---|
| R_E | 0.029*** |
| | (0.010) |
| lnAsset | 0.082*** |
| | (0.027) |
| Age | −0.064** |
| | (0.030) |
| Leverage | −0.077*** |
| | (0.020) |
| SOE | 0.043 |
| | (0.040) |
| Inshold | 0.049** |
| | (0.024) |
| Boardsize | 0.041* |
| | (0.024) |
| Subsidy | 0.012 |
| | (0.008) |
| lnGDP | 0.190** |
| | (0.091) |
| Constant | −1.223*** |
| | (0.415) |
| Firm FE and Year FE | YES |
| Observations | 26822 |
| Adj. R-squared | 0.703 |

## （三）机器人使用率对公司盈利能力的影响

机器人的使用对公司盈利能力影响的检验结果如表6-5所示。从表6-5中我们可以看到，机器人的使用率与企业的 *ROE* 和 *ROA* 都没有显著相关性，说明了企业使用机器人对企业的盈利能力没有显著影响，这与H6-3b的研究假设一致。造成这一结论的主要原因为机器人的使用尽管可能会给企业带来一定的收入增长，但是企业使用机器人同时也会承担大量的成本，除了前期大规模的资金投入之外，机器人在使用中也会产生相当一部分的成本，反映在财务数据上主要为折旧费用、维修费用等。同时，除了机器人本身外，使用机器人也会对企业带来其他方面的支出，正如程虹等（2018）提到的，机器人的使用实际上会让企业增加对高技能劳动力的需求，这些都会对公司的盈利能力造成影响。在短期成本增加效应机制的影响下，机器人未能对公司的盈利能力产生显著促进作用。

表 6-5　机器人使用率对 *ROE* 和 *ROA* 的影响

| 变量 | ROE | ROA |
| --- | --- | --- |
| R_E | −0.000 | −0.000 |
| | (0.000) | (0.000) |
| lnAsset | 0.029*** | 0.022*** |
| | (0.008) | (0.007) |
| Age | −0.024*** | −0.019** |
| | (0.006) | (0.008) |
| Leverage | −0.082*** | −0.094*** |
| | (0.025) | (0.030) |
| SOE | −0.016*** | −0.013*** |
| | (0.006) | (0.005) |
| Inshold | 0.034** | 0.025* |
| | (0.016) | (0.015) |

续表

| 变量 | ROE | ROA |
|---|---|---|
| *Boardsize* | 0.038 | 0.046 |
|  | (0.027) | (0.048) |
| *Subsidy* | 0.010*** | 0.002*** |
|  | (0.005) | (0.000) |
| ln*GDP* | 0.114* | 0.093** |
|  | (0.059) | (0.044) |
| Constant | −0.611*** | −0.288** |
|  | (0.156) | (0.121) |
| Firm FE and Year FE | YES | YES |
| Observations | 26822 | 26822 |
| Adj. R-squared | 0.521 | 0.537 |

然而,尽管根据我们的实证分析研究,机器人对公司的盈利能力影响不显著,但是现实中使用机器人却还是成为企业发展的趋势。本章认为其原因可能是,机器人技术日新月异,进步较快,产业的进步将会带来性能更加优良、成本更加低廉的产品,在长期视角下,产品的改进仍然有利于企业绩效的提升。而且如前两点所述,机器人的使用可以显著提升企业的生产效率和发展能力,因此,越来越多的企业仍然选择使用机器人来进行技术革新。

# 五、异质性分析

## (一)企业所有制结构

改革开放后,中国始终坚持公有制经济为主体、多种所有制经济共同发展的基本经济制度。尽管国有企业在领域和数量上都大幅缩减，但总体上依然控制着中国经济的命脉。在这一背景下，分析比较机器人的使用对国有企业及非国有企业业绩的影响具有重要意义。样本划分以上市公司的实际控制人性质为依据，筛选后获得国有企业样本 3994 个，非国有企业样本 22828 个。回归结果如表 6-6 中的 Panel A 所示，我们可以看到，对于国有企业和非国有企业，机器人使用率对生产效率影响的差值为-0.045，且在 1% 的显著性水平上显著，机器人使用率对发展能力影响的差值为-0.041，且在 1% 的显著性水平上显著，即机器人的使用对非国有企业的影响要显著大于国有企业。究其原因，国有企业受自身体制的限制，在引进新技术方面需要层层审批，从而阻碍了机器人技术的引入；另外，机器人技术对于企业绩效的影响主要是通过替代企业人工劳动力得以实现的，但由于国有企业的员工优化机制不够灵活，无法及时完成机器对于人力劳动力的替代，因此机器人对劳动力的替代效应在国有企业中无法得到充分体现，从而也没能对国有企业的生产效率和发展能力形成显著影响。反观非国有企业，由于其本身在设备引进和人力调整机制方面的灵活性，导致在引进机器人技术后绩效水平得到了显著的提升，再加之相比国有企业，其本身生产规模较小，因此影响效应更加明显。

表 6-6　异质性分析

| 变量 | ln（Sales/Labor） | | Growth | |
|---|---|---|---|---|
| | 国有企业 | 非国有企业 | 国有企业 | 非国有企业 |
| R_E | 0.025 ** | 0.070 *** | 0.012 *** | 0.053 *** |
| | (0.010) | (0.015) | (0.003) | (0.011) |
| Difference | -0.045 *** | | -0.041 *** | |
| P-value | 0.007 | | 0.007 | |
| Controls | YES | YES | YES | YES |

Panel A：企业性质

续表

Panel A：企业性质

| 变量 | ln（Sales/Labor） | | Growth | |
|---|---|---|---|---|
| | 国有企业 | 非国有企业 | 国有企业 | 非国有企业 |
| Firm FE and Year FE | YES | YES | YES | YES |
| Observations | 3994 | 22828 | 3994 | 22828 |
| Adj. R-squared | 0.700 | 0.688 | 0.677 | 0.682 |

Panel B：企业规模

| 变量 | ln（Sales/Labor） | | Growth | |
|---|---|---|---|---|
| | 大规模 | 小规模 | 大规模 | 小规模 |
| $R\_E$ | 0.071*** | 0.034*** | 0.063*** | 0.022*** |
| | （0.017） | （0.005） | （0.014） | （0.006） |
| Difference | 0.037** | | 0.041*** | |
| P-value | 0.040 | | 0.009 | |
| Controls | YES | YES | YES | YES |
| Firm FE and Year FE | YES | YES | YES | YES |
| Observations | 13417 | 13405 | 13417 | 13405 |
| Adj. R-squared | 0.605 | 0.611 | 0.653 | 0.625 |

Panel C：外部监管

| 变量 | ln（Sales/Labor） | | Growth | |
|---|---|---|---|---|
| | 强监管 | 弱监管 | 强监管 | 弱监管 |
| $R\_E$ | 0.031** | 0.079*** | 0.015*** | 0.069*** |
| | （0.010） | （0.022） | （0.005） | （0.018） |
| Difference | -0.048** | | -0.054** | |
| P-value | 0.037 | | 0.022 | |
| Controls | YES | YES | YES | YES |
| Firm FE and Year FE | YES | YES | YES | YES |
| Observations | 13517 | 13305 | 13517 | 13305 |
| Adj. R-squared | 0.633 | 0.607 | 0.594 | 0.556 |

## （二）企业规模

企业规模会对企业的生产、运营产生重要的影响。企业的规模越大，企业便有更多的资金可以投入到机器人的运用上，同时公司绩效也往往更好。因此，本章选择以企业规模为依据分样本进行异质性分析。本章取样本中2009~2022年所有公司总资产的中位数，以此作为依据将所有数据划分为两个样本，公司总资产大于中位数的为大规模企业，反之则为小规模企业。筛选处理后获得大规模企业样本13417个，小规模企业样本13405个。回归结果如表6-6中的Panel B所示，我们可以看到对于大规模企业和小规模企业，机器人使用率对于生产效率影响的差值为0.037，且在5%的显著性水平上显著；机器人使用率对于发展能力影响的差值为0.041，且在1%的显著性水平上显著。即说明，相比小规模企业，大规模企业的生产效率和发展能力受机器人的影响都更加明显。究其原因，大规模企业拥有更充足的资金和充分的条件来采购更多的机器人智能设备，而智能设备在一定程度上可以促进企业规模的扩大，从而降低企业的单位产品成本，给企业带来协同规模经济效应。因此，机器人的使用更有效地促进了大规模企业生产效率和发展能力的提高。

## （三）外部监管

政策、法律法规等会从多个方面影响企业的生产经营活动及其决策，进而影响到企业的业绩表现。本章使用企业所受分析师关注度衡量企业所受监管的程度，并以此作为样本划分依据，其中企业受分析师关注度大于中位数的为受监管较多的企业，反之则为受监管较少的企业。筛选处理后获得外部监管较强的企业样本13517个，外部监管较弱的企业样本13305个。回归结果如表6-6中的Panel C所示，我们可以看到，对于外部监管较强企业和外部监管较弱企业，机器人使用率对于生产效率影响的差值为-0.048，且在5%的显著性水平上显著；机器人使用率对于发展能力影响的差值为-0.054，且在5%的显著性水平上显著。即说明，外部监管较弱企业的生产效率受机器人的影响更大。究其原因，机器人的使用，可以在很大程度上对企业的整个生产过程实现标准化和规范化，同时减少人为干预，这在一定程度上对企业生产起到了监管的作用，即机器人的引入与企业的外部监管具有互补的作用。因此，在所受外部监管较弱的企业中，机器人所带来的影响更加明显。

# 六、稳健性检验

为了检验本章研究结论的稳健性，本部分采用工具变量及重新构造解释变量的方法分别进行稳健性检验。

## （一）工具变量法

为了进一步排除内生性问题，参照 Acemoglu 和 Restrepo（2020）、王永钦和董雯（2020）的研究方法，本章在此选择美国行业层面机器人数量和劳动力数量（千人）的比值作为机器人使用率的工具变量。该工具变量选择的内涵是选择了同行业其他地域更先进的机器人技术来衡量本地域的机器人使用水平。首先，我国的机器人技术主要依靠先进发达国家相关技术的渗透，因此我国的机器人发展水平与发达国家的机器人发展水平有着密切关系，该指标符合工具变量的相关性要求；而其他地域的机器人技术又不会直接影响到我国资本市场上市公司的行为，即该指标符合工具变量的排他性要求。检验结果如表6-7所示，与主回归一致，机器人的使用显著提高了企业的生产效率和发展水平，但对企业的盈利能力依然没有产生显著影响。

表6-7　工具变量检验

| 自变量/因变量 | 1st Stage | 2nd Stage | | | |
|---|---|---|---|---|---|
| | $R\_E$ | ln（Sales/Labor） | Growth | ROE | ROA |
| $R\_E$ | — | 0.028 ** | 0.018 *** | 0.003 | 0.006 |
| | | （0.013） | （0.006） | （0.002） | （0.006） |
| $R\_E^{US}$ | 0.872 *** | | | | |
| | （0.049） | | | | |
| F | 400.02 | — | — | — | — |
| Prob>F | 0.000 | — | — | — | — |
| Controls | YES | YES | YES | YES | YES |
| Firm FE and Year FE | YES | YES | YES | YES | YES |
| Observations | 26822 | 26822 | 26822 | 26822 | 26822 |
| Adj. R-squared | 0.481 | — | — | — | — |

## （二）基期劳动力数据构造机器人使用率

在此，本章使用基期的劳动力数据重新构造企业的机器人使用率，并将其作为新的解释变量，沿用原来的模型和控制变量重新进行回归。回归结果如表6-8的Panel A所示，机器人使用率与单位劳动生产力和营业收入三年平均增长率均在5%的显著性水平上正相关，与净资产收益率和总资产收益率的相关性不显著。所得结论与主回归结果均保持一致。

## （三）以行业代码为依据构造机器人使用率

考虑到在根据企业不同行业的业务收入占比构造公司层面机器人使用率时可能会存在不全面以及错误对应的问题，本章在此直接使用了企业主营行业对应的行业机器人使用率，沿用原来的模型和控制变量重新进行回归。回归结果如表6-8中的Panel B所示，机器人使用率与单位劳动生产力和营业收入三年平均增长率均在5%的显著性水平上正相关，与净资产收益率和总资产收益率相关性不显著。这一结果证明本章主体回归结果的稳健性。

表6-8　稳健性检验

Panel A：使用基期劳动力数据构造机器人使用率

| 变量 | （1） | （2） | （3） | （4） |
|---|---|---|---|---|
| | ln（Sales/Labor） | Growth | ROE | ROA |
| R_E | 0.027** | 0.025** | −0.000 | −0.000 |
| | (0.012) | (0.010) | (0.000) | (0.000) |
| Controls | YES | YES | YES | YES |
| Firm FE and Year FE | YES | YES | YES | YES |
| Observations | 26822 | 26822 | 26822 | 26822 |
| Adj. R-squared | 0.491 | 0.483 | 0.496 | 0.502 |

Panel B：使用行业机器人使用率

| 变量 | （1） | （2） | （3） | （4） |
|---|---|---|---|---|
| | ln（Sales/Labor） | Growth | ROE | ROA |
| R_E | 0.034** | 0.019** | 0.000 | 0.000 |
| | (0.014) | (0.009) | (0.000) | (0.000) |
| Controls | YES | YES | YES | YES |
| Firm FE and Year FE | YES | YES | YES | YES |
| Observations | 26822 | 26822 | 26822 | 26822 |
| Adj. R-squared | 0.500 | 0.496 | 0.536 | 0.557 |

# 七、研究结论

机器人技术及产业发展迅速，是国内外经济的热点话题，很多学者也针对机器人对宏观经济和微观企业的影响展开过研究。而本章以前人的研究结果为基础，收集了中国各行业使用机器人的数据，并利用其构造了中国2009～2022年的上市公司的机器人使用率，将其与同期该企业的单位劳动生产力、营业收入三年平均增长率、净资产收益率和总资产收益率进行实证分析，探究企业使用机器人对公司业绩的影响，得到以下结论：

企业使用机器人后，可以实现不间断 24 小时工作，提高产量并降低出错率，从而会显著提高生产效率，并且机器人作为人工智能技术的一种，其对于企业的核心竞争力也会有显著的增强作用，从而会显著提升企业的发展能力；但与此同时，企业引进机器人设备往往伴随着巨额的前期成本投入，这在短期内可能并不会得到弥补，因为本章上市公司样本的智能制造未对企业的盈利能力产生显著影响。此外，我们还可以看到智能制造所产生的影响在国有企业中不明显，这主要是由于智能设备的作用往往通过替代人力劳动力来完成，而国有企业的体制限制造成其一系列人员改革无法有效率地进行；智能制造的影响在规模较大的企业中更明显，这主要是由于大规模的企业有更雄厚的资金来引进设备，而智能设备又可以反过来给企业带来规模效应；智能制造的影响对所受外部监管较弱的企业更明显，这说明智能设备与外部监管之间具有一定的互补作用。

本章研究旨在为机器人促进绩效水平提供公司层面的实证证据，同时丰富了机器人在金融、财务层面对企业微观影响的相关研究。基于本章的结论，企业经营者在未来应充分考虑使用先进的机器人设备来促进自身发展。

# 第七章

## 结论与建议

# 一、研究结论

本书通过事件研究法、倾向得分匹配-双重差分法、文本分析法以及使用工业机器人数据的方法，实证探讨了智能制造对公司融资的影响，并在此基础上论证了智能制造对公司绩效的影响。

关于智能制造对于资本市场融资的影响：

在使用工业和信息化部《智能制造试点示范项目名单》为研究对象进行倾向得分匹配-双重差分检验后，本书得到了智能制造可以通过降低企业劳动力成本并提升企业折旧摊销费用来改善企业的收益质量，从而显著降低企业的债务融资成本的研究结论。异质性分析发现智能制造降低公司融资成本的利好影响对国有企业影响不够明显，但对于小规模企业和自身创新能力较差的企业影响显著。

在使用文本分析构建智能制造衡量指标进行实证检验后，本书得到了智能制造技术能够显著增加企业资产的可抵押性，并显著改善企业的信息环境，以此有效降低其自身的债务融资成本的结论。异质性分析发现智能制造技术降低公司债务融资成本的作用在高劳动力密集行业、所受外部监管程度较低以及所处省份金融发展水平较差的企业中影响显著。

关于智能制造对于资本市场绩效的影响：

在使用《智能制造试点示范项目名单》为研究对象进行事件研究法研究后，本书得到了智能制造能够提高企业的超额收益，并逐年上升的研究结论，即人工智能技术可以提升企业价值。经异质性分析发现，市场对于大规模企业进行智能制造的反应优于小规模企业，对于非国有企业进行智能制造的反应优于国有企业，对于高监管企业的反应优于低监管企业，对于最低工资水平低的企业的反应优于最低工资水平高的企业。

在使用文本分析构建智能制造衡量指标进行实证检验后，本书得到了智能制造可以显著提高公司包括生产效率、发展能力以及盈利能力在内绩效水平的结论。异质性分析发现这一影响在劳动力密集度高、低技能劳动力占比高以及民营企业中更为明显。

在使用国际机器人联合会的工业机器人数据与我国分行业劳动力数据共同构建机器人使用率进行实证检验后，本书得到了企业使用机器人有利于生产效率和发展能力的提高，但由于短期成本效应的原因，其对盈利能力没有显著影响的结论。异质性分析发现这一影响对非国有、规模大或弱监管企业更为明显。

# 二、政策建议

基于本书的研究结论，我们提出了如下建议：

第一，基于智能制造对资本市场公司融资和绩效所起到的积极作用，未来在政府层面，我国各级政府应继续加大对智能制造技术的扶持，加大智能制造技术的研发力度，打造智能制造技术的"产—学—研"产业链体系，并通过税收减免、财政补贴等方式对引进智能制造技术的企业给予优惠支持。在企业层面，企业应深刻意识到智能制造技术对于自身长远发展的支持优势，努力通过引入智能制造技术来改善自身的现金流水平或收益质量，并借此提升自身资产的可抵押性、优化整体市场的信息环境，以此打破融资瓶颈，并提升自己的绩效水平。

第二，基于本书得到的智能制造与企业外部监管①和企业创新之间存在互补作用的结论，我们认为智能制造可以迫使企业进行创新升级，并且减轻政府监管部门的监管压力。因此未来各级政府和所监管企业都应努力将智能制造打造成市场发展和企业运营的内核驱动力。

第三，2023 年 7 月，中共中央、国务院发布了《关于促进民营经济发展壮大的意见》，强调了民营经济是推进中国式现代化的主力军，是高质量发展的重要基础。在此背景下，基于本书得到的智能制造对于民营企业、传统制造业企业（劳动力密集度高且低技能劳动力占比高）以及小规模企业②的融资和绩效影响更加显著的结论，未来政府部门应通过制定相关导向型政策来帮助这部分企业引入智能制造技术或设备，从而起到激活民营市场、促进制造业升级的作用。

第四，基于本书得到的智能制造对经济落后地区（地区金融发展水平低且最低工资水平低）企业的影响更加显著的结论，未来不发达地区的政府更应该通过政策优惠的方式帮助当地企业积极引入智能制造技术和设备，从而为当地的经济发展增加底气。

---

①　本书第四章得到的结论为高监管智能制造企业更容易在市场中获得超额收益，这一结论的经济学含义与其他章节并不冲突。原因是该章节是基于《智能制造试点示范项目名单》进行了事件研究法的分析，是基于企业已经引进了智能制造技术设备的事实，在此基础上论证认为，公告效应会帮助高监管企业更容易在市场中获得利好的反馈。而其余章节所证实的是如若弱监管企业引进了智能制造技术设备，可能对其融资和绩效产生更加显著的影响，其所得到的结论均是智能制造与外部监管具有互补作用。

②　本书第四章得到的结论为规模较大智能制造企业更容易在市场中获得超额收益，这一结论的经济学含义与其他章节并不冲突。原因是该章节是基于《智能制造试点示范项目名单》进行了事件研究法的分析，是基于企业已经引进了智能制造技术设备的事实，在此基础上论证认为，公告效应会帮助规模较大企业更容易在市场中获得利好的反馈。而其余章节所证实的是如若规模较小企业引进了智能制造技术设备，可能对其融资和绩效产生更加显著的影响，其所得到的结论均是智能制造与外部监管具有互补作用。

第五，本书得出《智能制造试点示范项目名单》的公布可以降低公司债务融资成本并提升公司绩效水平的结论，这也就说明未来国家相关部门促进智能制造发展的方式除了引入技术设备外，积极开展评优示范同样也可以起到作用。未来，国家应通过严格把控评选条件、认真筛选示范企业的方式为智能制造产业的发展注入"催化剂"。

# 参考文献

［1］ Abadie，A.，and Imbens，G.．Matching on the Estimated Propensity Score ［J］．Econometrica，2016，84（3）：781-807．

［2］ Acemoglu，D.，and Restrepo，P.．Robots and Jobs：Evidence from U. S. Labor Markets ［J］．Journal of Political Economy，2020，128（6）：2188-2244．

［3］ Acemoglu，D.，and Restrepo，P.．The Race between Man and Machine：Implications of Technology for Growth，Factor Shares，and Employment ［J］．American Economic Review，2018，19（6）：1488-1542．

［4］ Acemoglu，D.，and Restrepo，P.．Artificial Intelligence，Automation and Work ［M］//Agrawal，A.，Gans，J.，and Goldfarb，A.．The Economics of Artificial Intelligence：An Agenda．Chicago：The University of Chicago Press，2019．

［5］ Adner，R.，and Euchner，J.．Innovation Ecosystems：An Interview with Ron Adner ［J］．Research Technology Management Business Source Complete，2016，11：10-14．

［6］Aghion, P. B. , Jones, F. , and Jones, C. I. . Artificial Intelligence and Economic Growth ［Z］. NBER Working Papers, 2017.

［7］Agrawal, A. , Gans, J. S. , and Goldfarb, A. . Prediction, Judgment and Complexity ［Z］. NBER Working Papers, 2017.

［8］Almeida, H. , and Campello, M. . Financial Constraints, Asset Tangibility and Corporate Investment ［J］. Review of Financial Studies, 2007, 20 （5）: 1429-1460.

［9］Altman, E. I. . The Prediction of Corporate Bankruptcy: A Discriminant Analysis ［J］. Journal of Finance, 1968, 23 （1）: 193-194.

［10］Altomonte, C. , Gamba, S. , Mancusi, M. L. , et al. . R&D Investments, Financing Constraints, Exporting and Productivity ［J］. Economics of Innovation and New Technology, 2016, 25 （3）: 283-303.

［11］Amihud, Y. , Mendelson, H. , and Lauterbach, B. . Market Microstructure and Securities Values: Evidence from the Tel Aviv Stock Exchange ［J］. Journal of Financial Economics, 1997, 45 （3）: 365-390.

［12］Amihud, Y. . Illiquidity and Stock Returns: Cross-section and Time-series Effects ［J］. Journal of Financial Markets, 2002, 5 （1）: 31-56.

［13］Arntz, M. , Gregory, T. , and Zierahn, U. . The Risk of Automation for Jobs in OECD Countries: A Comparative Analysis ［R］. OECD Social, Employment and Migration Working Papers, 2016.

［14］Ashbaugh-Skaife, H. , Collins, D. W. , and La Fond, R. . The Effects of Corporate Governance on Firms' Credit Ratings ［J］. Journal of Accounting and Economics, 2006, 42 （1）: 203-243.

［15］Asmi, T. L. . Current Ratio, Debt to Equity Ratio, Total Asset Turnover, Return on Asset, Price to Book Value [J]. Management Analysis Journal, 2014, 3 (2): 1–12.

[16] Autor, D. H., Dorn, D., Katz, L. F., et al.. Concentrating on the Fall of the Labor Share [J]. Social Science Electronic Publishing, 2017, 107 (5): 180–185.

[17] Autor, D., Levy, F., and Murnane, R.. The Skill Content of Recent Technological Change: An Empirical Exploration [J]. Quarterly Journal of Economics, 2003, 118 (4): 1279–1333.

[18] Aw, B. Y., Roberts, M. J., and Xu, D. Y.. R&D Investments, Exporting, and the Evolution of Firm Productivity [J]. American Economic Review, 2008, 98 (2): 451–456.

[19] Aw, B. Y., Roberts, M. J., and Winston, T.. Export Market Participation, Investments in R&D and Worker Training, and the Evolution of Firm Productivity [J]. The World Economy, 2007, 30 (1): 83–104.

[20] Bae, S. C., Park, B. J. C., and Wang, X.. R&D Intensity, and Firm Performance: Evidence from U. S. Manufacturing Firms [J]. Multinationality Business Review, 2008 (16): 53–78.

[21] Benavente, M.. The Role of Research and Innovation in Promoting Productivity in Chile [J]. Economics of Innovation and New Technology, 2006, 15 (4–5): 301–315.

[22] Benhima, K.. Financial Integration, Capital Misallocation and Global Imbalance [J]. Journal of International Money and Finance, 2013 (32): 324–340.

[23] Benmelech, E., and Bergman, N.. Collateral Pricing [J]. Journal of

Financial Economics, 2009, 91 (3): 339-360.

[24] Bernard, A. B., Eaton, J., Jensen, J. B., et al.. Plants and Productivity in International Trade [J]. American Economic Review, 2003, 93 (4): 1268-1290.

[25] Bharath, S., Sunder, J., and Sunder S.. Accounting Quality and Debt Contracting [J]. The Accounting Review, 2008, 83 (1): 1-28.

[26] Bharath, S., Pasquariello, P., and Wu, G.. Does Asymmetric Information Drive Capital Structure Decisions? [J]. Review of Financial Studies, 2009, 22 (8): 3211-3243.

[27] Biddle, G., and Hilary, G.. 2006. Accounting Quality and Firm-Level Capital Investment [J]. The Accounting Review, 2006, 81: 963-982.

[28] Boyer, K. K.. Evolutionary Patterns of Flexible Automation and Performance: A Longitudinal Study [J]. Management Science, 1999, 45 (6): 824-842.

[29] Bradley, D., Pantzalis, C., and Yuan, X.. Policy Risk, Corporate Political Strategies, and the Cost of Debt [J]. Journal of Corporate Finance, 2016 (40): 254-275.

[30] Burki, A. A., and Terrell, D.. Measuring Production Efficiency of Small Firms in Pakistan [J]. World Development, 1998, 26 (1): 155-169.

[31] Charumilind, C., Kali, R., and Wiwattanakantang, Y.. Connected Lending: Thailand before the Financial Crisis [J]. Journal of Business, 2006, 79 (1): 181-218.

[32] Choi, S. B., and Williams, C.. The Impact of Innovation Intensity, Scope, and Spillovers on Sales Growth in Chinese Firms [J]. Asia Pacific Journal

of Management, 2014, 31 (1): 25-46.

[33] Churchill, N. C., and Lewis, V. L.. The Five Stages of Small Business Growth [J]. Harvard Business Review, 1983, 61: 30-50.

[34] Cockburn, I. M., Henderson, R., and Stern, S.. The Impact of Artificial Intelligence on Innovation [Z]. NBER Working Papers, No. 24449, 2018.

[35] Dauth, W., Findeisen, S., Suedekum, J., et al.. Adjusting to Robots: Worker-Level Evidence [Z]. Opportunity and Inclusive Growth Institute Working Papers, 2018.

[36] Demsetz, H., and Villalonga, B.. Ownership Structure and Corporate Performance [J]. Journal of Corporate Finance, 2001, 7 (3): 209-233.

[37] Dinlersoz, E., and Wolf, Z.. Automation, Labor Share, and Productivity: Plant-Level Evidence from U. S. Manufacturing [Z]. US Census Bureau Center for Economic Studies Working Papers, 2018.

[38] Doraszelski, U., and Jaumandreu, J.. R&D and Productivity: Estimating Endogenous Productivity [J]. The Review of Economic Studies, 2013, 80 (4): 1338-1383.

[39] Fernandes, A. M.. Firm Productivity in Bangladesh Manufacturing Industries [J]. World Development, 2008, 36 (10): 1725-1744.

[40] Firth, M., Mo, P., and Wong, R.. Auditors' Organizational Form, Legal Liability, and Reporting Conservatism: Evidence from China [J]. Contemporary Accounting Research, 2011, 29 (1): 57-93.

[41] Frey, C. B., and Osborne, M. A.. The Future of Employment: How Susceptible are Jobs to Computerisation [J]. Technological Forecasting & Social Change, 2017, 114: 254-280.

[42] Gan, J.. The Real Effects of Asset Market Bubbles: Loan and Firm-level Evidence of a Lending Channel [J]. Review of Financial Studies, 2007, 20: 1941-1973.

[43] Giambona, E., and Schwienbacher, A.. Debt Capacity of Tangible Assets: What is Collateralizable in the Debt Market? [EB/OL]. https: //ssrn. com/abstract=1099331, 2008.

[44] Glancey, K.. Determinants of Growth and Profitability in Small Entrepreneurial Firms [J]. International Journal of Entrepreneurial Behavior & Research, 1998, 4 (1): 18-27.

[45] Goldin, C. D., and Katz, L. F.. The Race between Education and Technology [J]. Economic Journal, 2010, 120 (548): 505-510.

[46] Graham, J., Li, S., and Qiu, J.. Corporate Misreporting and Bank Loan Contracting [J]. Journal of Financial Economics, 2008, 89 (1): 44-61.

[47] Grzetz, G., and Michaels, G.. Robots at Work [J]. Review of Economics and Statistics, 2018, 100 (5): 753-768.

[48] Hackbarth, D., Miao, J., and Morellec, E.. Capital Structure, Credit Risk, and Macroeconomic Conditions [J]. Journal of Financial Economics, 2005, 82 (3): 519-550.

[49] Heaton, J. B., Polson, N. G., and Witte, J. H.. Deep Learning for Finance: Deep Portfolios [J]. Applied Stochastic Models in Business and Industry, 2017, 33 (1): 3-12.

[50] Holthausen, R.. Accounting Standards, Financial Reporting Outcomes, and Enforcement [J]. Journal of Accounting Research, 2009, 47 (2): 447-458.

[51] Huang, C. J.. Corporate Governance, Corporate Social Responsibility

and Corporate Performance [J]. Journal of Management & Organization, 2010, 16 (5): 641-655.

[52] Kabir, R., Li, H., and Veld-Merkoulova, Y.. Executive Compensation and the Cost of Debt [J]. Journal of Banking & Finance, 2013, 37 (8): 2893-2907.

[53] Kim, S., Kraft, P., and Ryan, S.. Financial Statement Comparability and Credit Risk [J]. Review of Accounting Studies, 2013, 8 (3): 783-823.

[54] Korajczyk, R. A., and Levy, A.. Capital Structure Choice: Macroeconomic Conditions and Financial Constraints [J]. Journal of Financial Economics, 2003, 68 (1): 75-109.

[55] Korinek, A., and Stiglitz, J.. Artificial Intelligence, Globalization, and Strategies for Economic Development [Z]. NBER Working Papers, 28453, 2021.

[56] Laurence, B.. The Influence of Production Technology on Risk and the Cost of Capital [J]. The Journal of Financial and Quantitative Analysis, 1991 (26): 109-127.

[57] Leontief, W.. Machines and Man [Z]. Scientific American, 1952.

[58] Lu, N., Zhou, W., and Dou, Z. W.. Can Intelligent Manufacturing Empower Manufacturing? —An Empirical Study Considering Ambidextrous Capabilities [J]. Industrial Management & Data Systems, 2023, 123 (1): 188-203.

[59] Mansi, S. A., Maxwell, W. F., and Miller, D. P.. Does Auditor Quality and Tenure Matter to Investors? Evidence from the Bond Market [J]. Journal of Accounting Research, 2004, 42 (4): 755-793.

[60] Minnis, M.. The Value of Financial Statement Verification in Debt Fi-

nancing: Evidence from Private US Firms [J]. Journal of Accounting Research, 2011, 49 (2): 457-506.

[61] Nunn, N. , and Qian, N. . US Food Aid and Civil Conflict [J]. American Economic Review, 2014, 104 (6): 1630-1666.

[62] Olley, S. , and Pakes, A. . The Dynamics of Productivity in the Telecommunications Equipment Industry [J]. Econometrica, 1996, 64 (6): 1263-1297.

[63] Patrick, E. . Corporate Social Responsibility and Corporate Social Irresponsibility: Introduction to a Special Topic Section [J]. Schlegel Journal of Business Research, 2013 (10): 14-18.

[64] Pittman, J. A. , and Fortin, S. . Auditor Choice and the Cost of Debt Capital for Newly Public Firms [J]. Journal of Accounting and Economics, 2004, 37 (1) : 113-136.

[65] Pástor, L. , and Stambaugh, R. F. . Liquidity Risk and Expected Stock Returns [J]. Journal of Political Economy, 2003, 111 (3): 642-685.

[66] Rosenbaum, P. R. , and Rubin, D. B. . The Central Role of the Propensity Score in Observational Studies for Causal Effects [J]. Biometrika, 1983 (70): 41-55.

[67] Saunders, A. , and Tambe, P. . A Measure of Firms' Information Practices Based on Textual Analysis of 10-K Filings [Z]. Sauder School of Business, University of British Columbia, Working Paper, 2013: 1-34.

[68] Schneider, T. E. . Is There a Relation between the Cost of Debt and Environmental Performance? An Empirical Investigation of the U. S. Pulp and Paper Industry, 1994-2005 [D]. Waterloo: University of Waterloo, 2008.

［69］ Smith, J. , and Todd, P. . Does Matching Overcome LaLonde's Critique of Nonexperimental Estimators ［J］. Journal of Econometrics, 2005, 125 (1-2): 305-353.

［70］ Stiglitz, J. E. , and Korinek, A. . Artificial Intelligence, Worker-Replacing Technological Change, and Income Distribution ［Z］. NBER Working Papers, 2017.

［71］ Sun, L. , and Saat, N. . How Does Intelligent Manufacturing Affect the ESG Performance of Manufacturing Firms? Evidence from China ［J］. Sustainability, 2023, 15 (4): 2898.

［72］ Takanori, T. . Corporate Governance and the Cost of Public Debt Financing: Evidence from Japan ［J］. Journal of the Japanese and International Economies, 2014, 34: 315-335.

［73］ Webb, M. . The Impact of Artificial Intelligence on the Labor Market ［Z］. SSRN Working Paper, No. 3482150, 2020: 1-61.

［74］ William, A. C. , and Crumpler, W. D. . Smart Money on Chinese Advances in AI ［Z］. Center for Strategic and International Studies Working Papers, 2019.

［75］ Wurgler, J. . Financial Markets and the Allocation of Capital ［J］. Journal of Financial Economics, 2000, 58: 187-214.

［76］ Yang, J. , Ying, L. , and Gao, M. . The Influence of Intelligent Manufacturing on Financial Performance and Innovation Performance: The Case of China ［J］. Enterprise Information Systems, 2020, 14 (6): 812-832.

［77］ Zhang, J. . The Contracting Benefits of Accounting Conservatism to Lenders and Borrowers ［J］. Journal of Accounting and Economics, 2007, 45

（1）：27-54.

[78] 艾健明，曾凯．资产可抵押性、会计信息质量与融资约束 [J]．南京审计大学学报，2017（3）：22-34.

[79] 柏培文，张云．数字经济、人口红利下降与中低技能劳动者权益 [J]．经济研究，2021（5）：91-108.

[80] 陈东，秦子洋．人工智能与包容性增长——来自全球工业机器人使用的证据 [J]．经济研究，2022（4）：85-102.

[81] 陈婧，方军雄，秦璇．证券分析师跟踪与企业劳动投资效率的改善 [J]．投资研究，2018（12）：80-99.

[82] 陈琳，高悦蓬，余林徽．人工智能如何改变企业对劳动力的需求？——来自招聘平台大数据的分析 [J]．管理世界，2024，40（6）：74-93.

[83] 陈三可，赵蓓．研发投入、风险投资与企业融资约束——基于中国制造业上市公司的实证分析 [J]．管理评论，2019（10）：110-123.

[84] 陈岩，张斌，翟瑞．国有企业债务结构对创新的影响——是否存在债务融资滥用的经验检验 [J]．科研管理，2016（4）：16-26.

[85] 陈媛媛，张竞，周亚虹．工业机器人与劳动力的空间配置 [J]．经济研究，2022（1）：172-188.

[86] 程虹，陈文津，李唐．机器人在中国：现状、未来与影响——来自中国企业-劳动力匹配调查（CEES）的经验证据 [J]．宏观质量研究，2018（3）：1-21.

[87] 程建伟．上市公司盈利能力和影响因素的实证研究 [J]．金融教学与研究，2006（5）：44-46+57.

[88] 杜传忠，王晓蕾．智能制造对制造企业创新效率的非线性影响——基于制造业服务化的调节效应 [J]．四川大学学报（哲学社会科学

版），2024（1）：37-51+208-209.

［89］樊卫雄．企业盈利能力的影响因素及对策分析［J］．科技经济导刊，2018（25）：219.

［90］方福前，马瑞光．智能制造与企业人力资本升级——基于智能制造试点政策的准自然实验［J］．人文杂志，2023（12）：131-140.

［91］谷城，张树山．智能制造何以实现企业绿色创新"增量提质"［J］．产业经济研究，2023（1）：129-142.

［92］顾吉宇，陈利军．关于企业盈利能力影响因素的实证研究［J］．商业时代，2011（10）：51-52.

［93］郭恒泰，王妍．企业数字化转型能降低股价同步性吗？［J］．投资研究，2022（12）：91-105.

［94］何诚颖，李翔．股权分置改革、扩容预期及其市场反应的实证研究［J］．金融研究，2007（4）：157-170.

［95］黄当玲，李立祯．负债规模、融资成本与文化上市企业融资效率——基于 DEA 模型的实证分析［J］．商业经济研究，2016（1）：167-169.

［96］黄桂．强调"奉献"的企业为何不能如愿以偿？——基于国企组织与员工交换关系的思考［J］．管理世界，2010（11）：105-113.

［97］黄敏．融资租赁在"中国制造 2025"进程中的角色与作用研究［J］．开发性金融研究，2015（4）：61-65.

［98］黄启斌，熊曦，宋婷婷，等．智能制造能力对制造型企业竞争优势的影响机制研究［J］．经济问题，2023，523（3）：76-83.

［99］黄容，邓金龙，程果．高管主动离职与企业债务融资成本［J］．经济问题，2022（1）：122-129.

［100］姜付秀，石贝贝，马云飙．信息发布者的财务经历与企业融资约

束 [J]．经济研究，2016（6）：83-97．

[101] 蒋腾，张永冀，赵晓丽．经济政策不确定性与企业债务融资 [J]．管理评论，2018（3）：29-39．

[102] 金碚，李钢．中国企业盈利能力与竞争力 [J]．中国工业经济，2007（11）：5-14．

[103] 靳来群，林金忠．政治关联所致信贷资源错配的缓解机制分析——基于信息不对称的视角 [J]．江苏社会科学，2015（5）：56-63．

[104] 赖黎，巩亚林，马永强．管理者从军经历、融资偏好与经营业绩 [J]．管理世界，2016（8）：126-136．

[105] 李宝仁，王振蓉．我国上市公司盈利能力与资本结构的实证分析 [J]．数量经济技术经济研究，2003（4）：150-153．

[106] 李冬琴，廖中举，程华．行业 R&D 投入与产出绩效的非线性关系研究——基于创新产业分类的视角 [J]．工业技术经济，2013（10）：8-16．

[107] 李广子，刘力．债务融资成本与民营信贷歧视 [J]．金融研究，2009（12）：137-150．

[108] 李欢，李丹，王丹．客户效应与上市公司债务融资能力——来自我国供应链客户关系的证据 [J]．金融研究，2018（6）：138-154．

[109] 李静波．影响企业盈利能力的因素分析 [J]．商业经济，2009（7）：57-58．

[110] 李科，徐龙炳．融资约束、债务能力与公司业绩 [J]．经济研究，2011（5）：61-73．

[111] 李磊，王小霞，包群．机器人的就业效应：机制与中国经验 [J]．管理世界，2021（9）：104-119．

［112］李青原，王红建．货币政策、资产可抵押性、现金流与公司投资——来自中国制造业上市公司的经验证据［J］．金融研究，2013（6）：31-45.

［113］李志军，王善平．货币政策、信息披露质量与公司债务融资［J］．会计研究，2011（10）：56-62+97.

［114］林利民．"第三次工业革命浪潮"及其国际政治影响［J］．现代国际关系，2013（5）：10-16+44.

［115］林青松，李实．企业效率理论与中国企业的效率［J］．经济研究，1996（7）：73-80.

［116］林钟高，丁茂桓．内部控制缺陷及其修复对企业债务融资成本的影响——基于内部控制监管制度变迁视角的实证研究［J］．会计研究，2017（4）：73-80.

［117］刘超，傅若瑜，李佳慧，等．基于 DEA-Tobit 方法的人工智能行业上市公司融资效率研究［J］．运筹与管理，2019（6）：144-152.

［118］刘甲楠，邢春冰．人工智能、劳动力需求与人力资本投资［J］．人口研究，2024，48（1）：68-84.

［119］刘万元．加入 WTO 后我国民营企业的成长战略［J］．渝州大学学报（社会科学版），2002（3）：40-42.

［120］刘笑霞，李明辉．债权人会惩罚真实盈余管理行为吗？——基于债务融资成本视角的经验证据［J］．管理工程学报，2022，37（1）：1-18.

［121］柳培德，李红强．开发性金融支持"中国制造2025"潜力测算与对策研究——以宁波为例［J］．开发性金融研究，2017（2）：41-47.

［122］罗福凯，王京．企业所得税、资本结构与研发支出［J］．科研管理，2016（4）：44-52.

[123] 罗炜，朱春艳．代理成本与公司自愿性披露［J］．经济研究，2010（10）：143-155.

[124] 毛新述，周小伟．政治关联与公开债务融资［J］．会计研究，2015（6）：26-33+96.

[125] 聂兴凯，王稳华，裴璇．企业数字化转型会影响会计信息可比性吗［J］．会计研究，2022（5）：17-39.

[126] 牛子恒，邹宗森．实体经济振兴：智能制造与制造业企业"脱实向虚"［J］．经济学家，2024（1）：78-88.

[127] 钱雪松，唐英伦，方胜．担保物权制度改革降低了企业债务融资成本吗？——来自中国《物权法》自然实验的经验证据［J］．金融研究，2019（7）：115-134.

[128] 钱雪松．融资约束、资产抵押与企业投资［J］．广东金融学院学报，2008（2）：91-97.

[129] 乔海曙，龙靓．我国资本市场对 SRI 反应的实证研究［J］．金融研究，2010（7）：131-143.

[130] 权小锋，李闯．智能制造与成本粘性——来自中国智能制造示范项目的准自然实验［J］．经济研究，2022，57（4）：68-84.

[131] 任保平，宋文月．新一代人工智能和实体经济深度融合促进高质量发展的效应与路径［J］．西北大学学报（哲学社会科学版），2019（5）：6-13.

[132] 沈洪涛，马正彪．地区经济发展压力、企业环境表现与债务融资［J］．金融研究，2014（2）：153-166.

[133] 舒亚琦．人工智能产业中美对比分析［J］．财政科学，2019（12）：150-154.

［134］司丙乐，张凤．机器人在当代工业中的应用探讨［J］．湖北农机化，2019（6）：22．

［135］苏冬蔚，曾海舰．宏观经济因素与公司资本结构变动［J］．经济研究，2009（12）：52-65．

［136］孙英飞，罗爱华．我国工业机器人发展研究［J］．科学技术与工程，2012（12）：2912-2918+3031．

［137］田高良，施诺，刘晓丰．智能制造与劳动力成本粘性——基于工业机器人应用的视角［J］．经济管理，2023，45（9）：28-49．

［138］涂国前，张家琪．政府采购能改善企业融资效率吗？——基于企业融资成本视角［J］．财政科学，2023（10）：65-80．

［139］汪宜霞．基于抑价和溢价的中国IPO首日超额收益研究［D］．武汉：华中科技大学博士学位论文，2005．

［140］王重润，王赞．"新三板"挂牌企业融资效率分析［J］．上海金融，2016（11）：70-75．

［141］王菲菲，谢海芳，刘文君，等．重大资产重组公告、个体投资者股票买卖操作方向与累计超额收益［J］．投资研究，2018（6）：78-90．

［142］王红建，李茫茫．货币政策、融资约束、资产有形性与公司资本结构——来自中国制造业上市公司的经验证据［J］．国有经济评论，2013（9）：33-52．

［143］王君，张于喆，张义博，等．人工智能等新技术进步影响就业的机理与对策［J］．宏观经济研究，2017（10）：169-181．

［144］王世权．国企和谐民营化的归因模型：基于南钢股份和通钢股份的案例分析［J］．南开管理评论，2011（14）：102-113．

［145］王栓．结合私募债分析科技型中小企业融资问题［J］．时代经贸，

2017（16）：10-12.

［146］王文泽.以智能制造作为新质生产力支撑引领现代化产业体系建设［J］.当代经济研究，2024（2）：105-115.

［147］王小鲁，樊纲，余静文.中国分省份市场化指数报告［M］.北京：社会科学文献出版社，2014.

［148］王艳，谢获宝.披露其他综合收益可以给市盈率带来溢价效应吗？［J］.会计研究，2018，366（4）：28-35.

［149］王永钦，董雯.机器人的兴起如何影响中国劳动力市场？——来自制造业上市公司的证据［J］.经济研究，2020（10）：159-175.

［150］王运通，姜付秀.多个大股东能否降低公司债务融资成本［J］.世界经济，2017（10）：119-143.

［151］王贞洁，沈维涛.金融生态环境、异质性债务与技术创新投资——基于我国制造业上市公司的实证研究［J］.经济管理，2013（12）：130-139.

［152］王贞洁.我国上市公司债权人治理效率——基于内部视角的联立方程研究［J］.中国经济问题，2011（2）：76-85.

［153］王贞洁.信贷歧视、债务融资成本与技术创新投资规模［J］.科研管理，2016，37（10）：9-17.

［154］魏哲海.管理者过度自信、资本结构与企业绩效［J］.工业技术经济，2018，37（6）：3-12.

［155］魏志华，王贞洁，吴育辉，等.金融生态环境、审计意见与债务融资成本［J］.审计研究，2012（3）：98-105.

［156］温素彬，张金泉，焦然.智能制造、市场化程度与企业运营效率——基于A股制造业上市公司年报的文本分析［J］.会计研究，2022

（11）：102-117.

［157］邬爱其，贾生华，曲波．企业持续成长决定因素理论综述［J］．外国经济与管理，2003（5）：13-18.

［158］巫瑞，李飚，李思雨．工业机器人、技能升级与工资溢价［J］．工业技术经济，2022，41（8）：92-99.

［159］吴武清，田雅婧．企业数字化转型可以降低费用粘性吗——基于费用调整能力视角［J］．会计研究，2022（4）：89-112.

［160］吴赢，张翼，李广子．高铁开通、银行竞争与公司债务融资成本［J］．金融论坛，2021（11）：27-36.

［161］肖静华，李文韬．如何应对"一管就死、一放就乱"的管理困境？——索菲亚家居高层管理团队的适应性管理之道［J］．管理学报，2020（11）：1581-1593.

［162］解维敏，唐清泉．企业研发投入与实际绩效：破题A股上市公司［J］．改革，2011（3）：100-107.

［163］闫雪凌，朱博楷，马超．工业机器人使用与制造业就业：来自中国的证据［J］．统计研究，2020（1）：74-87.

［164］杨冕，袁亦宁，万攀兵．环境规制、银行业竞争与企业债务融资成本——来自"十一五"减排政策的证据［J］．经济评论，2022（2）：122-136.

［165］尹洪英，李闯．智能制造赋能企业创新了吗？——基于中国智能制造试点项目的准自然试验［J］．金融研究，2022，508（10）：98-116.

［166］尹美群，盛磊，李文博．高管激励、创新投入与企业绩效——基于内生性视角的分行业实证研究［J］．南开管理评论，2018，21（1）：109-117.

［167］于波，周宁，霍永强．金融科技对商业银行盈利能力的影响——基于动态面板 GMM 模型的实证检验［J］．南方金融，2020（3）：30-39．

［168］于静霞．盈余管理与银行债务融资成本的实证研究——来自 A 股市场的经验证据［J］．财政研究，2011（11）：68-72．

［169］于蔚，汪淼军，金祥荣．政治关联和融资约束：信息效应与资源效应［J］．经济研究，2012（9）：125-139．

［170］余明桂，潘红波．政治关系、制度环境与民营企业银行贷款［J］．管理世界，2008（8）：9-21+39+187．

［171］苑泽明，张美琪．人工智能上市公司无形资产发展现状、问题及对策——基于无形资产指数评价的研究［J］．商业会计，2018（1）：6-10．

［172］张国法，李心合．利率市场化、上市公司信贷可获得性与债务融资成本——兼论区域金融发展水平的影响［J］．投资研究，2021（11）：145-159．

［173］张杰，李克，刘志彪．市场化转型与企业生产效率——中国的经验研究［J］．经济学（季刊），2011（2）：571-602．

［174］张敏，李延喜．制度环境对融资方式选择的影响研究——基于地区差异视角的实证分析［J］．当代经济科学，2013（4）：42-52+125．

［175］张树山，胡化广，孙磊，等．智能制造如何影响企业绩效？——基于"智能制造试点示范专项行动"的准自然实验［J］．科学学与科学技术管理，2021，42（11）：120-136．

［176］张同斌，高铁梅．财税政策激励、高新技术产业发展与产业结构调整［J］．经济研究，2012（5）：58-70．

［177］张伟华，毛新述，刘凯璇．利率市场化改革降低了上市公司债务融资成本吗？［J］．金融研究，2018（10）：106-122．

［178］张先治，徐健．会计信息可比性与债务契约定价研究［J］．财经理论与实践，2021（5）：66-74.

［179］张新．并购重组是否创造价值？——中国证券市场的理论与实证研究［J］．经济研究，2003（6）：20-29.

［180］张叶青，陆瑶，李乐芸．大数据应用对中国企业市场价值的影响——来自中国上市公司年报文本分析的证据［J］．经济研究，2021，56（12）：42-59.

［181］赵慧清，陈新国．信息披露质量与债务融资成本关系的研究——基于中国证券市场的经验证据［J］．会计之友，2015（16）：66-70.

［182］赵烁，陆瑶，王含颖，等．人工智能对企业价值影响的研究——来自中国智能制造试点示范项目公告的证据［J］．投资研究，2019（9）：84-107.

［183］赵烁，陆瑶，马悦．"中国制造"背景下智能制造对公司债务融资成本的影响［J］．开发性金融研究，2023（3）：77-88.

［184］赵烁，施新政，陆瑶，等．兼并收购可以促进劳动力结构优化升级吗？［J］．金融研究，2020（10）：150-169.

［185］赵烁．智能制造影响下的企业绩效——基于中国上市公司年报文本分析的经验证据［J］．工业技术经济，2023（7）：95-101.

［186］郑宝红，张兆国．企业所得税率降低会影响全要素生产率吗？——来自我国上市公司的经验证据［J］．会计研究，2018，367（5）：13-20.

［187］郑丽琳，刘东升．机器人应用与劳动力就业：替代还是互补？——基于22个经济体数据的经验分析［J］．统计研究，2023（3）：126-138.

[188] 郑志刚，李邈，雍红艳，等. 中小股东一致行动改善了公司治理水平吗？[J]. 金融研究，2022，503（5）：152-169.

[189] 周宏. 上海证券市场年报公布的市场效应研究 [J]. 会计研究，2004（7）：78-83.

[190] 周楷唐，麻志明，吴联生. 高管学术经历与公司债务融资成本[J]. 经济研究，2017（7）：169-183.

[191] 周煊，程立茹，王皓. 技术创新水平越高企业财务绩效越好吗？——基于16年中国制药上市公司专利申请数据的实证研究 [J]. 金融研究，2012，386（8）：166-179.

[192] 周云波，田柳，陈岑. 经济发展中的技术创新、技术溢出与行业收入差距演变——对U型假说的理论解释与实证检验 [J]. 管理世界，2017（11）：35-49.

[193] 朱凯，陈信元. 金融发展、审计意见与上市公司融资约束 [J]. 金融研究，2009（7）：66-80.